城乡一体化发展的新探索
——湖北省经验的总结与思考

蒋大国 主编

中国社会科学出版社

图书在版编目(CIP)数据

城乡一体化发展的新探索/蒋大国主编. —北京：中国社会科学出版社，2014.8
　ISBN 978-7-5161-4822-8

　Ⅰ.①城… Ⅱ.①蒋… Ⅲ.①城乡一体化—研究—中国 Ⅳ.①F299.2

中国版本图书馆 CIP 数据核字(2014)第 215825 号

出 版 人	赵剑英
责任编辑	冯春凤
责任校对	胡新芳
责任印制	王炳图

出　　版		中国社会科学出版社
社　　址		北京鼓楼西大街甲 158 号（邮编 100720）
网　　址		http://www.csspw.cn
		中文域名：中国社科网　010-64070619
发 行 部		010-84083685
门 市 部		010-84029450
经　　销		新华书店及其他书店
印　　刷		北京君升印刷有限公司
装　　订		廊坊市广阳区广增装订厂
版　　次		2014 年 8 月第 1 版
印　　次		2014 年 8 月第 1 次印刷
开　　本		710×1000　1/16
印　　张		14
插　　页		2
字　　数		210 千字
定　　价		45.00 元

凡购买中国社会科学出版社图书，如有质量问题请与本社联系调换
电话：010-64009791
版权所有　侵权必究

《城乡一体化发展的新探索》
编辑委员会

主　　任　蒋大国
委　　员　(按姓氏笔画排序)
　　　　　叶　桦　　江立华　　汤学兵　　吴理财
　　　　　吴本清　　项继权　　夏玉珍　　袁方成
　　　　　梅德平　　蒋大国　　董利民
主　　编　蒋大国
副 主 编　夏玉珍　　江立华　　项继权　　梅德平

目　录

前言 ……………………………………………………（1）

高起点推进湖北城乡一体化建设的经验及对策建议 … 蒋大国（1）

专题一：湖北省统筹城乡一体化发展规划
　　　　研究 ………………… 蒋大国、项继权、袁方成（23）

专题二：湖北省城乡城镇基础设施建设一体化
　　　　发展研究 …… 梅德平、赵峰、李玲、洪霞、吴潇（57）

专题三：湖北省城乡产业一体化发展研究 …… 董利民、叶桦（93）

专题四：湖北省城乡基本公共服务一体化研究 ……… 夏玉珍（121）

专题五：湖北省城镇建设多元化发展研究 … 汤学兵、张绍焱（149）

专题六：湖北省城乡体制机制一体化发展研究 ……… 江立华（176）

后记 …………………………………………………………（213）

前　言

　　破解城乡二元结构难题，推动城乡一体化的全面发展，既是时代发展的新要求，也是解决"三农"问题的根本出路，更是建设中国特色社会主义当前面临的紧迫任务。党中央、国务院一直高度重视"三农"问题，从 2004 年《关于促进农民增加收入若干政策的意见》到 2014 年的《关于全面深化农村改革加快推进农业现代化的若干意见》，连续下发了 11 个 "一号"文件，出台了一系列重大农业政策，并明确指出："走中国特色农业现代化道路，建立以工促农、以城带乡长效机制，形成城乡经济社会发展一体化新格局。""城乡发展一体化是解决'三农'问题的根本途径"，"必须健全体制机制，形成以工促农、以城带乡、工农互惠、城乡一体的新型工业城乡关系，让广大农民平等参与现代化进程、共同分享现代化成果"。这一系列论述为我国城乡一体化发展确定了重要目标、战略任务和重大措施，指明了前进方向。

　　在拥有 13 亿人口的中国实现城乡一体化，是人类社会发展史上的伟大壮举，也是全中国人民的共同期盼，更是一项艰巨而又复杂的重大战略任务。近年来，我国城乡一体化建设不断加快，城镇化率已经超过 53%。但城乡二元结构还未彻底解决，城镇建设与发展中存在一些隐患，如：有的地方土地城市化快于人口城市化，空城空地时有发生；有的地方资源环境承载能力负荷过大，超前过度发展；有的地方农民户口"被城市化"，应享受待遇未"同等化"。特别是城乡一体化发展规划体系不健全，行政命令高于城乡规划，规划引领作用难以发挥；城乡一体化建设资金筹措难，投融资平台亟待完善，靠土地征用支撑建设现象较为普遍；产业支撑尚未完全形成，农业科技水平较低，规模效益亟待提高；基本公共服务体系未健全，城乡公民待遇水平悬殊较大，政策标准亟待衔接；体制机制创新瓶颈制约较多，行政区划利益壁垒复杂，发展环境亟待改善等等，有许多问题需要去研究、去探讨、去解决。

湖北经济与社会发展研究院适应城乡一体化发展需要，肩负着党和政府重托，满载着城乡人民的期待，先后深入到湖北6个市18个县市区、近万户家庭进行深入调查研究，深切感到：湖北城乡一体化建设，从统筹城乡发展的提出，到城乡一体化试验示范区的建立及试验点的扩大等，经过多年的"改革实践"已经迈上了新阶段，已由点到面，由一个层面向多个层面、一个领域向多个领域、一般水平向更高水平发展。各地为推动城乡一体化发展进行积极探索、有益实践，有的侧重制度设计、体制创新，有的注重经济互利、机制互动，有的着眼利益共享、政策统筹等，尽管领域不同、重点有别、进展有序，但都为城乡一体化建设积累了宝贵经验。主要表现在逐步树立了"城乡统筹"、"全域规划"、"产业互动"、"设施互通"等发展理念，探索了"产镇融合"、"城镇多元协调发展"、"上下联动、部门联手、社会化管理"等模式，在全国产生了一定影响，值得借鉴推广。同时，也深深体会到，城乡一体化发展是一项复杂的系统工程，也是一项长期的战略任务，必须群策群力，集思广益，精心谋划，顶层设计，科学稳妥推进。

《城乡一体化发展的新探索——湖北省经验的总结与思考》一书，立足湖北发展态势，正确把握全国发展大势，深度分析了城乡一体发展中面临的亟待解决的城乡"规划统筹科学"、"产业优化提升壮大"、"基础设施健全配套"、"体制机制改革创新"、"公共服务健全均等"、"生态和谐持续"、"城镇多元协调集群发展"等重大问题，站在政治、经济、文化、社会、生态"五位一体"全面、协调、科学发展的全局高度，以多学科的视角、多元的方法和广阔的视野，从本地各区域、各行业、各要素、各群体全面发展的全域广度，用工业化、城镇化、信息化、农业现代化同步推进的全面角度和力度来谋划城乡一体化发展，明确提出了"高起点推进城乡一体化建设"这一重大主题，并对其基本经验、指导思想、总体思路、实现目标及推进路径进行了认真研究、深刻分析，提出了一些可行性的对策建议。此书不仅为我国城乡一体化建设提供一定理论支撑，还为各地及有关部门正确决策提供科学的依据和有益的启迪。诚恳欢迎各位专家、教授、学者为城乡一体化建设发展献计献策、展智施才。

高起点推进湖北城乡一体化建设的经验及对策建议

统筹城乡发展，实现城乡一体化是党中央在新的历史时期做出的重大战略决策，是破解"三农"问题的根本出路，是缩小城乡差别、实现城乡共同繁荣的根本途径，是全面建成小康社会、实现中华民族伟大复兴中国梦的根本要求。习近平总书记在湖北考察讲话中要求我们奋力实现跨越式发展，努力建设成为中部崛起的重要战略支点。湖北作为农业大省，肩负着党中央和总书记赋予的重大全局使命，统筹城乡发展、加快推进城乡一体化显得尤为重要和紧迫。

湖北在全国较早开展城乡一体化试点，在省委、省政府高度重视和全省上下的共同努力下，试点成效显著，发展态势良好，积累的经验弥足珍贵，但也面临着一些亟待研究解决的问题。对此，我们经济与社会发展研究院组织了一次较大规模、较大范围的专题调查研究，先后组织9个调研组，深入到鄂州、荆门、黄石三市，以及江夏、宜都、鄂城、华容、梁子湖、大冶、京山、钟祥等县（市、区），考察现场，走访群众，召开基层干部、群众座谈会和相关专家研讨会，深入到经济基础和综合实力分别为好、中、差三种类型10个县、市、区的1万户家庭进行深入调查，完成了城乡统筹规划、基础设施健全配套、产业壮大提升、基本公共服务均等化、体制机制创新、城镇多元化建设六个专题调研报告，并在此基础上进行了全面的、深层次的研究，完成了这个综合性报告，力求立足湖北发展态势，正确把握全国发展大势，提出了"高起点推进湖北城乡一体化建设"这个重大主题，并对其基本经验、指导思想、总体思路、实现目标及推进路径进行了认真研究，希望能给省委、省政府领导提供决策参考。

一　湖北经验

自 2008 年以来，省委省政府先后推进了仙洪新农村建设试验区、七个山区县脱贫奔小康试点、鄂州城乡一体化试点、88 个新农村建设试点乡镇、大别山革命老区经济社会发展试验区、武陵山少数民族经济社会发展试验区、中国农谷、荆州壮腰等多个层面和区域的试点，这是湖北统筹城乡发展、实现城乡一体化的重要探索，取得了明显成效和重要经验，在全国产生了一定影响。特别是在鄂州、仙桃、洪湖、监利、宜都、大冶、掇刀以及竹房城镇带（简称"1+6+1"）开展的城乡一体化试点，探索了不同区域层面、不同类型地区城乡一体化的新路子，构成湖北经验的核心。概括起来主要是"七个重大转变"：

一是树立"城乡统筹发展"的根本理念，实现指导思想上的重大转变。在坚持科学发展、努力把湖北建设成为中部崛起重要战略支点的伟大事业进程中，在"五个湖北"的总体规划建设中，在一元多层次重大战略谋划中，把城市和农村、市民和农民作为一个整体，把一二三产业作为一个整体，把经济、政治、文化、社会、生态和党建作为一个整体，始终突出"三农"工作重中之重的地位，把"三农"发展放在优先位置来考虑，统筹谋划，系统研究，以城镇化带动城乡一体化，以工业化推动城镇化和农业产业化，以新农村建设促进城镇化、工业化发展，以信息化推进全面、协调、科学发展，逐步实现"四化同步"。通过体制改革和政策调整，促进城乡在规划建设、产业发展、基础设施、公共服务、社会保障、市场体系、生态保护上一体化，改变长期存在的城乡二元经济结构和公共政策上的差异，使城市和农村经济社会协调发展、城乡居民共同富裕。

二是树立"全域规划"理念,实现规划模式的重大转变。改变计划经济条件下形成的城乡规划分割的管理体制,打破城乡规划相脱离的状况,按照"全域空间"的理念,通盘考虑和布局城市与农村的发展,明确城乡基本功能定位,合理划分功能区,科学编制完善城乡一体化发展总体规划,高标准编制城乡建设规划和土地利用、产业发展、社会事业等专项规划,搞好城乡总体规划与专项规划的有机衔接。其特色在于,突破了传统的城镇体系规划编制方法,加强了与土地利用总体规划等相关规划的协调和衔接,建立了建设项目选址分级管理制度,创新了基层村镇规划建设管理服务的机制。其作用在于,优化了城乡空间布局,推动了城乡基础设施和公共设施的统筹配置,加强了对乡镇和村庄建设的指导,促进了资源的保护和合理利用,引导了农村走特色化发展的道路,促进了投资建设迅猛发展。特别是鄂州市规划,着眼于全市域1596平方公里的面积进行科学规划,按照经济流向、区位优势和发展潜力进行城市功能分区,打造全域鄂州,建设宜居宜业组群大城市,编制完成了鄂州城乡总体规划和长港示范区、3座新城、10个特色镇和106个新社区的专项规划,初步形成了城乡统筹、相互衔接、全面覆盖的规划体系和监督执行体系。

三是树立城乡产业互促的发展理念,实现产业模式的重大转变。做大做强新型工业,引领城乡产业发展,走以"两型产业"为支撑的新型工业化路子,使工业成为带动城乡产业发展的主引擎。围绕实现工业销售总额"双千亿"目标,大力实施骨干企业培育、高新技术企业发展、中小企业成长、亿元项目引进、全民创业等"五大工程",在转方式、调结构中,形成多支柱支撑、强抗风险能力的产业体系。做大做强都市农业,促进城乡产业发展,加速传统农业向现代农业转型,培育壮大水产、苗木、畜禽、蔬菜四大支柱产业,加快发展以特色水产为重点的育种、养殖、加工、营销一条龙的产业链。做大做强现代服务业,融合城乡产业发展,大力发展生产性服务业,发展绿色、集约、高端产业集群;引进战略投资者,推进交通业和物流业综合发展;依托特色农业资源,在沿路、沿湖、沿江开辟特色果园、花圃、鱼池等观光农园，促进城乡产业融合发展。鄂州市按照省政府主体功能区规划和武汉城市圈产业分工布局，大力推进特色优势产业发展，加快形成互融互补的城乡一体产业发展格局。大冶市大力推动产业向园区集中，突出发展农产品加工园，夯实现代农业基地，壮大产业集群。现代农业形成了园区带动型的"雨润模式"、龙头企业带动型的"鑫东模式"、大户带动型的"侯安杰模式"、土地入股型的"祝山模式"、基地联农户的"富山合作社模式"。

四是树立公共服务均等化理念，实现计划分配模式的重大转变。全省各试点市县把城乡基础设施建设一体化和公共服务均等化作为城乡一体化的两大着力点，作为促进城乡共同繁荣的关键和提高农民国民待遇的保障。革新观念，坚持发展的科学性；以民为本，坚持需求的适应性；政府主导，坚持主体的责任性；统筹城乡，坚持制度的覆盖性；创新机制，坚持机制的长效性；创新体制，坚持管理的服务性；创新制度，坚持服务的标准性；重点倾斜，坚持城乡的协调性；重视基础，坚持设施的配套性。鄂州市紧紧围绕着完善农村宜居宜业的基础设施建设和健全城乡一体的农民社会公共服务体系两个基本目标。政府坚持资源向农村倾斜，加大农村基础设施建设；公共服务向农村倾斜，推进城乡公共服务均等化；目标定位向农村倾斜，实现城乡"两个基本一致"，努力做到城乡资源配置的基本一致，努力做到城乡公共服务标准和水平基本一致。

五是树立产镇融合、城镇建设多元发展理念，实现城市化模式重大转变。坚决摒弃只顾城市加快发展、不考虑农业、农村和农民问题，甚至以牺牲"三农"利益为代价的传统城市化发展道路，坚持统筹城乡发展，把城镇化的推进和新农村建设有机结合、把城镇化和产业发展融合，创造性地走出了一条产镇融合发展之路。宜都推出了"产业兴城"模式，主要通过特色产业带动就业提升、公共服务引导人口集聚，打造新型社区和现代产业新城。通过扶持一批产业化龙头企业，大力发展优质柑橘、高效茶叶、优质粮油等现代农业示范区，引导本地人口迅速向产业、城镇集中，形成产业发展→就业带动→人口集聚→公共服务完善的城镇化路子。大冶灵乡推出了"三区合一"模式，在产业园区基础上通过完善基本公共服务和建设城镇基础设施，实现单纯的产业园区向富裕社区、宜居社区和平安社区的转变。在时间上坚持镇区、园区、社区同步扩张；在空间上坚持产业、创业、就业相互融合；在规划上坚持园区、镇区、社区融为一体，按照"园区带动、自谋发展，补偿推动、自主建设，创新驱动、自我管理"的"三动三自"模式，推进镇村一体化建设。荆门掇刀"城镇扩张模式"，即：充分利用本地城镇化的有利条件，把城镇管理的基本制度和城镇基础设施向外延伸，拓展城市空间，实现城乡发展一体化。

六是树立改革创新理念，实现体制机制的重大转变。坚持把破除造成城乡分割的各种体制障碍、形成有效促进城乡协调发展的体制机制作为推进城乡一体化的重点和难点。整合资源，逐步建立科学的管理机制。加强组织领导，明确责任分工，整合相近职能，精简审批事项，优化审批流程，着力构建起精简高效、运转协调、依法监控的行政构架和服务优质、便民利民、规范有序的管理体系。深化改革，健全各项保障机制。不断深化人口户籍管理制度改革，推进一元化户籍管理制度，取消对农业和非农业户口性质的划分，并相继出台了一系列政策和措施，促进农村人口在居住、就业、教育、社保、医疗、文体、基础设施等方面逐步享受到与城市人口同样的待遇。积极推进土地流转制度改革，各地紧紧围绕现代农业示范区和新农村试点村镇建设，积极创新机制，努力探索龙头带动型、村企共建型、股份合作型、土地整治型、合作社经营型等土地流转模式。健全信息平台网络，完善综合服务机制。逐步建立"城乡一体化、社区（村）网格化、管理信息化、服务多元化"的社会管理格局。创新方法和途径，增加资金的支撑能力，建立健全政府引导、市场运作的多元化投融资体制。

七是树立党政主导、上下联动、以点带面的理念，实现领导方式的重大转变。省委、省政府主要领导把推进城乡一体化工作拿在手上、列入重中之重，成立了由副书记挂帅、有关省直主要部门和市参加的高规格领导小组，制订了一系列政策措施，每年召开一至两次全省性的主题推进会，并深入到各个层面的试点上进行深入调查研究，加强具体指导，连续不断地召开现场推进会。已先后在仙洪试验区连续召开18次现场会，在鄂州试点、大冶试点、掇刀试点、监利试点也连续召开了多场现场会，每一次会议都是由书记李鸿忠、省长王国生、省委副委书记张昌尔等主要领导带队深入考察，作专题工作部署；每一次会议都能看到新面貌、新现场、新经验、新成果。市、县两级思路清晰，任务明确，重点突出，责任到位，工作扎实，人人肩上有担子，月月工作报进度，创新的激情高涨，改革的成果迭出，全省上下形成了全力推进城乡一体化发展的工作合力，以点带面的全省城乡一体化工作有序推进，由市级试点向县、乡试点延伸，由专项试点向全面试点发展，由全面试点向各个领域试点拓展，试点覆盖面已达全省三分之一范围。这既是积极稳妥而又科学的推进方法，又是勇于探索、敢于担当的进取精神，是具有鲜明特色性、前瞻性、科学性的湖北经验。

二 面临的问题

统筹城乡发展、实现城乡一体化是人类社会发展的大趋势，是前所未有大的创举，是新时期的大课题，既需要有理论的创新引导，也需要有实践的勇敢突破，更需要在不断研究解决重大问题的过程中积极向前推进。我们在调查思考中认为，当前亟待研究解决的影响制约我省城乡一体化发展的几个主要问题有：

一是城乡一体化发展规划体系不健全，引领作用亟待发挥。规划是引领、是前提，引领问题是首要问题。目前，有许多规划的目标定位不够科学，总体目标大多集中在GDP增幅上面，忽视了"五位一体"总布局全面推进的要求，有的甚至忽视了地方发展特色和民生真实需求，缺乏系统性、全域性、全局性；规划实施的体制机制尚未确立，缺乏制订的特色性、综合协调的权威性、引领的科学性、实施的法治性。相关规划和技术标准体系不完善，规划编制水平有待提高，规划管理、监督机制不健全，村镇规划制订技术支撑体系亟待加强。规划和建设脱节的现象比较普遍，存在"规划规划，墙上挂挂"的现象。乡镇一级的小城镇建设基层管理机构普遍被精简，出现了村镇规划管理的"真空"，而村镇规划经费又严重不足，技术支撑体系薄弱，无法满足量大、面广的村镇规划与建设工作的要求。

二是城乡一体化建设资金筹措难，融资平台亟待健全。实现城乡一体化，投入是关键。仅靠政府现有财力是远远不够的，而市场机制的缺陷导致了农村财力更加缺乏。农业的弱质性和它在国民经济中的重要地位客观上要求国家财政进一步加大投资力度，增强农业在市场经济中的竞争能力。但实际上人口众多的农村地区获得的财政支出经费很少，在人均和地均概念上同城市地区的差距更大。加之国家金融政策过于注重经济快速增长，嫌贫爱富，导致资金配置偏向城市，大量资金向城市涌入，金融机构向城市集聚，农村的金融机构网点逐渐萎缩，一些地方的农村金融机构虽然发挥了部分满足农村和农业生产发展需要的功能，但客观上也成为农村资金向城市转移的"抽水机"。而农村融资体制机制未建立，融资平台不健全，致使农村和农业发展面临"融资瓶颈"，经济发展乏力，农民收入增加缓慢，城乡差距不断扩大。

三是产业支撑尚未完全形成，规模效益亟待提高。产业不大，市场竞争力不高；一二三产业间的关联度不高，融合力和互补性不强；产业链条不长，附加值不高；新型产业、高科技产业缺乏，可持续发展的能力欠佳；产业集群数量和质量都不强，所占市场份额不大；产业园建设滞后，企业落户率不高；产业发展的政策不宽松，软环境有待优化；很多乡村成为空壳，没有产业支撑，没有收入来源，只有负债；少数地方村庄建设得很美，但农民没有创收渠道，只好外迁，或继续外出务工，新村成为新的"空心村"。

四是基本公共服务体系不够健全，政策标准亟待衔接。我省公共服务均等化处于初级阶段向中级阶段过渡的发展阶段，区域、城乡、社会群体之间的公共服务不均等，差距普遍存在并且逐渐拉大，流动人口、土地流转导致农民"第三极"群体处境尴尬，公共服务均等需求不能满足；公共服务保障机制不到位，社会保障项目少、水平低，人才队伍建设滞后，工作沟通机制尚未建立健全，政策标准衔接不够，政府间、地区间、部门间服务脱节；农民群众要求机会、结果均等，范围扩大、水平提高，多层次、多样化服务，公共服务人才专业化、质量优质化。

五是体制机制创新瓶颈制约较多，发展环境亟待改善。区域协调、共享机制未建立，融资渠道不宽，主要依靠政府投入、土地征用费用；土地流转制度不健全，面临着土地流转成本较高、农民转移失业风险较高的"两高"难题；户籍制度改革缓慢，进城农民工社会保险、福利待遇不落实；创新驱动力不强，仅靠政府的推动，市场导向、社会力量公平参与机制不健全；政府行政管理体制不畅，基层政府自主管理权过小，事权与财权不匹配、不对称；公共服务体系和社会管理体制不完善；农村公共产品供给不足，社会事业发展大大滞后于城区。

三　总体把握

城乡一体化发展，既不是城乡交叉处、邻近处一体化发展，也不是城乡某个区域、某个部位、某个行业一体化发展，而是城乡政治、经济、文化、社会、生态全面协调发展，是城乡各区域、各行业、各群体、各要素互为依存、互相促进、互相融合、互相协调、科学发展，必须总体把握，高端设计，全面推进。

指导思想：应坚持以科学发展观为指导，以缩小城乡差距、繁荣城乡、全面提高城乡居民生活水平，增强全面、科学、可持续发展能力为目的，以科学规划为引领，以基础设施建设为依托，以特色产镇为支撑，以均等化服务为动力，以体制机制创新为保障，竭力推动以工促农、以城带乡、工农互惠、城乡一体、全面协调科学发展,为推进"五个湖北"建设、实现全面建成小康社会的宏伟目标做出新贡献。

发展思路:应立足实际,着眼长远,适应发展,凝聚优势,通过城乡统筹、科学规划、以工促农、壮大产业支撑、改革创新、健全基础平台、完善服务、增强动力与活力、创新体制机制、营造良好发展环境、科学界定、合力打造多元化城镇等途径和措施,全力推进城乡规划、产业发展、基础设施、体制机制、公共服务、生态文明建设一体化及城镇建设多元化,最终形成城乡规划科学化、基础设施配套化、产业特色化、基本服务均等化、体制机制合理化、城镇建设多元化发展的新格局。

实现目标:力争通过10至15年,初步实现工业化、城镇化、信息化、农业现代化融合同步,城乡政治、经济、文化、社会、生态全面、协调、科学发展;20年达到城乡规划统筹、产业互补、设施配套、功能齐全、体制合理、机制科学、资源共享、服务均等、政策平等、待遇一致的目标。

四 路径建议

实现城乡一体化,就是通过体制和制度创新及政策调整,彻底打破城乡二元体制,调整"重城轻乡、重工轻农"的国民收入分配格局和政策偏向,把城市和农村、工业和农业、市民和农民作为一个整体,统筹考虑、统一谋划,促进城市和农村经济社会协调发展。我省城乡一体化已经进行了较长时间、很大面积的试点,创造了丰富的经验,打下了坚实的工作基础,形成了较高的跨越起点,到了全面推进的关键时期,我们要乘势而上,顺势而为,进一步解放思想,科学设计,加大措施,全面推进,努力夺取城乡一体化建设伟大事业的新胜利。

(一) 统筹规划,优化城乡一体化发展布局与空间

统筹城乡发展,规划应先行,规划一体化是实现城乡一体化的"第一化"。

1. 坚持用科学理念指导规划制订。一是要站在"五位一体"全面、协调、科学发展的全局高度来统筹。既不能单纯追求经济指标,走高投入、高浪费资源,甚至先污染、后治理之路,也不能只注重经济高速发展,不加强文化、社会、生态文明建设,致使一些人信念动摇、理想空虚、道德失范,失去了人生目标和前进的动力,导致一些地方生态环境恶化、产品过剩、资源浪费过大等后遗症,而是要从政治、经济、文化、社会、生态"五位一体"全面科学发展理念高度来统筹、来思考。二是要从本地各区域、各行业、各要素、各群体全面发展的全域广度来把握。既要考虑到各区域、各产业、各城镇发展,也要考虑到各群体生存环境的改善、生活水平的提升、需求的满足,还要考虑到各要素的有序流动、相互衔接、相互配套、相互推动,发挥最大的效应和作用,决不能顾此失彼。三是要用工业化、城镇化、信息化、农业现代化同步推进的全面角度和力度来谋划。既要有利于工业产业结构调整、优化、提升,也要有利于农业规模扩大、科技含量提升、附加值的提高,还要有利于城镇建设发展、功能的完善、品位的提升,更要有利于信息互通、资源整合、科技含量的提高,力争以工业化推动城镇化和农业产业化,以城镇化带动城乡一体化,以新农村建设促进城镇化、工业化发展,以信息化推动"四化"同步、协调、全面发展,做到规划制定理念新、立意高、特色鲜明。

2. 坚持用科学原则引导规划制定。一是要立足实际,聚集优势。要立足本地产业、城镇、经济、社会发展实际和需要,聚集区位、资源、人文、交通、科技、生态、环境等优势,通过规划的统筹引导,使各区域、各产业、各要素、各群体、各资源有效整合,发挥最佳效应、最大裂变、最高效益,促进区域、城镇、产业发展,人文价值、科技含量的提升,各人群全面发展,与自然和谐共处。二是要差异发展，体现特色。要从自我角度、历史角度进行比较，找准不足，发挥自我优势和特色；也要与他地、他人进行全面比较，寻找差异，错位发展，体现特色，决不能盲目跟风，重复建设，照搬照套，浪费资源、财力和物力；还要从长远发展需要出发，适应全国、全世界范围的新挑战、新需求，培植新的特色，使自我发展的产业产品、管理体制机制永远处于领先地位。三是要市场导向，要素互动。要彻底废除计划经济传统规划理念和原则，坚持市场导向。既要立足于现实市场需要，也要适应未来市场需要；既要考虑到本地市场发展需要，也要考虑到全省、全国乃至全世界市场的发展需要，用市场机制配置资源，引导产业、城镇科学布局，适度发展，促进各要素合理流动、相互依存，相互融合，相互协调发展。四是要优化布局，拓展空间。规划的目的就是要聚集优势，整合资源，形成强大的发展能力和内在活力，不断优化布局，拓展发展空间，做到城乡一体，地上地下统筹，产区、园区、镇区"三区"融合，三产业协调，"四化"同步，"五位一体"，最大限度节约、利用资源，减少不必要浪费，为城乡一体化发展营造良好的发展环境。

　　3. 坚持用科学方法制订规划。制订城乡一体发展规划，坚持从实际出发是基础、是前提，采用科学方法是途径、是关键。一是要高端设计。要站在"五位一体"全局的高度，用全域的广度和"四化"同步发展的角度全面了解实际，准确把握现状；用联系的观念、发展的思维、世界的眼光，正确把握发展的态势及未来的走向；用历史比较、纵向比较、横向比较，找准不足，发挥优势，精心设计规划方案，突出规划的主题，完善规划的内容，体现规划的特色，使规划更具有科学性、指导性、操作性、前瞻性。二是要深入论证。能否准确把握实际，深入论证是关键。要组织专家、学者和实际工作者，认真研究，反复比较，综合分析，由表及里、去伪存真，深入论证，把握内在规律，捕捉闪光点，并上升到一定理论高度，使制订的规划既有现实基础，也有一定的理论高度，还有说服力、影响力和感召力。三是要科学评估。一个好的规划，既要看它是否全面反映了客观现实，是否具有很强的针对性、现实性；也要看它是否凝聚了所有优势，实现了优势的最大化，是否具有很强的特色性、科学性；看它是否充分节约、利用资源，杜绝了不必要浪费，实现了资源使用的效益最大化，是否具有很高的实效性、效益性；更要看它是否代表城乡人民的心愿和需求，适应发展的需要，是否具有很强的指导性、前瞻性。四是要全民参与。群众是实践的主体、真正的英雄。制订城乡一体化发展规划，一定要广泛听取各方意见，尤其是广大人民群众的意见和建议，全面准确地吸收他们的合理建议及要求，正确代表和维护群众利益，真正做到群策群力，集思广益，领导满意，群众赞许。五是要层层把关。制订城乡一体化发展规划，既要组织专班深入调研，把准实际，精心谋划，科学设计；也要组织专家学者深入论证，科学评估，严格评审，完善方案；还要组织群众认真评议，提出建议，反复修改；更要组织领导民主讨论，逐一审核，集思广益，集体把关，确保规划的质量和水平。

4. 坚持用科学的标准评价规划。无论是全域规划，还是专项规划、长远发展规划，都要立意较高，设计新颖，优势聚集，特色鲜明，层次清晰，布局合理，功能齐全，风格独特，要素互动，资源整合，空间广阔。做到全域规划总揽全局，把握各方，全面科学；专项规划主题突出，特色鲜明，设计新颖；长远发展规划蓝图宏伟，目标明确，措施得力；各项规划相互补充衔接，相互配套完善，形成城乡统筹、产业互补，资源整合，要素互动、功能齐全、设施完善，目标明确，特色鲜明，布局合理，空间优化的城乡一体化发展的规划体系。建议我省尽快制订湖北省城乡一体化发展的全域规划，完善经济与社会发展、产业发展、城乡空间布局、生态环境保护建设、土地管理利用、人口集聚布局、城镇建设和新农村建设等专项规划，充分发挥规划引领和推动作用。

5. 坚持用科学体制监督规划实施。科学管理、监督体制是督促规划落实的保证。根据乡镇规划人员的素质和水平，建议将规划制订、修订、实施、监督权上调一级，做到村镇规划，县级审批，市级备案，乡镇专门机构协管，村（社区）配合管理；县级规划，市级审批、监管、省级备案、监督。同时，要强化舆论监督、群众监督、社会监督及责任追究，努力形成多元一体监管体制和机制，任何单位或个人无权修改、修订，或变相不执行，严格依法依规制订、执行、修订、完善规划，确保规划的科学性、规范性、严肃性、法治性、前瞻性。

（二）产镇融合，壮大城乡一体化发展的支撑和实力

实现城乡一体化，产镇是支撑。没有产业的镇是空镇，就没有实力与活力；没有城镇，就没有政治、经济、社会、文化发展中心，城乡一体化发展就没有依托。只有产镇融合，才有推进城乡一体化发展的强大动力和坚实平台。

1. 科学定位，错位发展支柱产镇。一是要立足实际、科学定位。要立足本地区位优势、资源禀赋、环境基础、经济社会发展实力及潜力等实际，适应发展需要，集聚优势，科学确定产镇发展目标、规模、特色、效益、功能，合理布局，适度发展。城镇应坚持以经济为基础，以产业为支撑，以规划为先导，以改革创新为动力，以改造提升为手段，以改善提高民生为重点，走特色多样、节约友好、高效和谐、双轨（政府、市场）驱动、兴业宜居、"一体三化"同步发展之路。应按行政管辖层次、区位资源优势、产业与人文发展基础及需要，分层设置为宜，规模应有异。一般应分为省级特大城市、市级大城市、县级中等城市、镇乡小城镇、社区（村）微型城镇五级为宜，决不能盲目扩张、过度发展，一定要分步分层合力推进。产业应各具特色，差异发展，结合本地实际，适应现实和长远发展需要，改造提升传统产业，兴建特色产业，培植新型产业，发展高科技、绿色环保、高效特色产业，努力打造多元一体的产镇体系。二是要集聚优势，打造特色。要因地制宜，集聚本地资源、区位、人文、交通等优势，适应政治、经济、社会、文化、生态发展需要，大力发展产品加工、生态旅游、绿色环保、低碳循环、高效优质、科技微型、抗灾避

灾、特色文化、观光休闲、三产服务等类型的产镇，走产镇特色化、集约化、规模化、专业化、环保化、现代化之路。三是要上下联动，分层推进。发展产镇，资金是关键。要上下联动，整合资源，加大投入，提高资金使用效益；坚持分级负责，政府引导，市场运作，企业、民营、个体平等参与，分层分步合力推进。当前，我省应围绕"一主、两副（两翼、两圈）、多极"发展战略，重点强龙头（武汉市圈）、壮"两副"、"两翼"、"两圈"、（宜昌+荆荆）、扶骨干（市、县中等城市）、夯基础［乡镇、社区（村）镇］，形成规划引导、产业互补、功能配套、经济高效、节约友好、特色鲜明、竞争力强的多层产镇集群。

2. 以工促农，带动产镇发展。坚持工业反哺农业、城市支援农村，是我国推进城乡一体化发展的重要方针。要始终坚持政府健全政策措施，推动以工促农、以城带乡；运用市场机制，促进生产要素向农村、城镇有序流动，相互融合、相互促进、协调发展。一是以工带农，壮大产业规模。引导企业、公司、民营、个体向农村有序集聚，发展原料生产基地、辅助工业、零配件配套生产，延长产业链，壮大产业规模，带动农村发展产品深加工、三产业、服务业，改造提升传统产业；拓展市场服务，加强产业、技术、信息、管理咨询、指导、服务，提升产业综合效益和服务能力，推动产镇发展壮大。二是合资合作，合力打造特色产镇。引导激励各要素、资源、农民、外商向农村、城镇集聚，投资创业、合资合作、公平竞争，采取项目整合、股份合作、土地入股、企业投资、发展合资、招商引资等多种途径，合力打造特色产镇。三是对口支援，兴建新型产镇。要组织城市有关部门、企事业单位、社团组织和个人，自愿支援城乡一体化发展，充分发挥自身优势，主动为农村提供资金、项目支持，技术、智力、人才、政策支撑，信息、市场、产品、设施等综合服务，充分利用现有资金，联手新建新型产镇。

3. 培植龙头，壮大产镇规模效益。经济实力，是发展的基础和前提。一是制订产镇标准，创树产镇品牌。要组织专家、学者、实际工作者，深入调查研究，科学论证评估，尽快制订产镇行业标准及规范，引导产镇全面实行标准化质量管理，创最佳质量标准管理产镇，不断提高经济、社会效益和影响力。二是要加强技术创新，打造精品名牌。市场竞争，关键是技术的竞争。龙头企业、龙头城镇，都要实施名牌战略，加强核心技术研究，全面提升整体技术、管理素质和水平，创树精品名牌，不断提升核心竞争力和综合效益。三是要创新体制机制，健全法人治理结构。农业现代化，科技管理现代化是关键。一定要引导龙头企业、龙头城镇健全法人治理结构，明晰职、责、权，完善科学管理机制、规范决策机制、高效运转机制、多元监督机制，不断提高经营、管理水平和辐射力，带动农村产品深加工、三产服务业、绿色环保新型产镇发展，不断增强城乡一体化发展的动力与活力。

4. 健全机制，发展壮大产镇集群。机制出合力、出动力，管理出效益、出水平。一是要健全科学管理机制，合力推动产镇集群发展。要逐步建立健全党委领导、政府主导、市场运作、主管部门负责、有关部门及市、州配合、社会参与的科学管理机制，构建社会化的工作格局，形成强大的工作合力。二是要健全区域协调共建机制，扩大产镇集群。应围绕湖北"一主两副（两翼、两圈）、多级"发展战略，建立健全区域之间政策互惠、产业互融、服务互联、设施共建、资源共享、信息互通、协调发展的协调共建机制，促进区域间要素互流互动、互融互促，项目合资合作、信息互通互享、技术交流对接，联手发展壮大产镇集群。三是要建立行业、部门联系联动机制，壮大产镇集群。政府及有关部门应加强对行业、产镇的联系、协调，主动为他们提供规划、技术、管理指导，信息的整理、发布、提供，资金项目扶持，环境论证评估，法规政策咨询服务，做到经常联系、指导、及时优质服务，全力推动产镇集群发展壮大。四是要健全多元一体的监管机制，提升产镇综合效益和水平。要强化产镇一体化建设的全程监管，健全行政、舆论、群众、社会、司法多位一体的监管机制，加强对产镇建设项目论证评估、规划指导、建设监管、质量监理、技术支持、效益效率的考评和责任追究，努力降低建设成本，提高综合效益和水平。

5. 创新科技，提高产镇效益水平。随着产业专业化、规模化发展，必须创新科学技术，健全科技服务，提高整体科技水平和效益。一是健全科技服务公司，完善科技服务。应引导城乡建立健全优良品种试制、土壤改良、农机肥制作、农资供应、生物防治、科技培训、产品营销、农机耕作等科技服务公司、平台和体系，为农业产业化、城乡一体化建设提供技术、信息、种子、肥料、机械、农资、营销等科技服务。二是创新经营体制，提供规范优质服务。适应发展需要，坚持市场运作，通过自愿协商合作，签订定向订单、专项服务等合同协议，明确双方职责、义务、报酬等有关事宜，规范综合系列服务，确保服务质量和双方合法权益。三是健全落实扶持政策，优化科技综合服务。根据农业产业化、城乡一体化发展的要求，应规范、整合涉农扶持政策资金，切实将农机补偿、土地平整、粮食补贴、蔬菜补贴等扶农政策落到实处，维护农民生产者的合法权益。同时，要进一步健全扶持政策、专项补贴，以促进科技服务专业化、现代化、长效化，全面提高产镇综合效益和水平。

（三）完善设施，构筑城乡一体化发展基础和平台

实现城乡一体化，健全基础设施是基础、是条件，而健全基础设施的关键是资金。筹措资金就必须创新投资体制机制，打造融资平台，单靠政府投资是不够的。

1. 科学规划布局，健全"六网一体"网络体系。一是适应发展需要，健全基础设施网络体系。统筹城乡，统一规划，重点构建交通、水利（排灌、防洪、抗灾、饮水、排污）、能源（电力、沼气）、信息（广播、电视、电话、手机）、市场、环保（减排、防毒、防尘、清洁、绿化）等"六网一体"的基础设施网络体系。二是要统筹规划协调，分责分级推进。加强对"六网"分管部门及建设工程的统筹协调，按照统筹规划布局和要求，分责分级同步推进地上地下管网建设，尽量减少或杜绝独挖独建、重复挖建，避免浪费时间、人力、物力。三是要强化目标责任,加强建设管理和维修。强化投资主体责任和监管及建设单位的监督,加强建后管理及维修,确保建设、管理、维修的质量和水平。

2. 创新投资体制,构建多元化投融资管理模式。市场经济条件下,应建立公正、平等、公开、有序的投资环境,激励多种投资主体参与竞争,形成公平竞争、优胜劣汰的态势,以提高投资效益和效率。一是适应市场发展需要,建立科学投融资体制。应建立市场导向、政府主导、公司运作、社会支持、民众参与、融资平台为依托的科学投融资管理体制,力争实现投融资机制科学化、投融资渠道多元化、投融资模式市场化。二是培植投融资主体,拓展投融资途径。建立政府投融资公司,构造融资平台,把政府投资资本化,通过重组、出租、转让、盘活、担保等多种形式,优化配置,有效运作,并要不断拓展融资渠道,扩大投资比例,强化监管,确保政府投资保值增值。鼓励企业建立投资股份公司,扩大投资范围,参与基础设施投资,扩大基础设施投资规模。支持社会建立民营、合资公司,参与基础设施建设公平竞争,吸收更多的社会资金参与基础设施建设。扶持农民合资建立股份公司,参与基础设施建设。通过创新投资主体,广泛吸收企业、社会、民营、农民、个体资金,平等参与基础设施建设。三是创新融资模式,构筑多元一体融资平台。结合我省和各地实际,借鉴国外融资模式和国内投资经验,在经营性或非经营性的基础设施建设中可分别完善、改造、推广 BOT、BT 模式,试行 ABS 模式,试点 PFI 等模式。但因项目建设时间过长、监管难度较大、面临的政策、汇率、自然等风险较大,必须强化融资监管,加强对建设项目成本、综合效益及融资主体的论证评估,选准选好融资法人,引入竞争机制,预防投融资风险。同时,还可以通过发放地方政府、公司、企业等的债券,采取资产抵押、贴息、担保、联保贷款等多种形式,拓展融资渠道,构筑融资平台。

3. 健全科学监管机制,提高投融资效益。一是完善投融资责任机制,提高投融资效益。强化投融资责任制,坚持谁投资谁主管谁受益，加强对目标责任和工程质量、成本用材、招标管理费用、效益效率的评估、监管及责任追究，确保投资质量和效益。凡违反投资规则造成经济损失的，应追究其责任，甚至赔偿经济损失。二是建立投资积累机制，合理配置资源。应赋予政府投资主体一定的融资权，扩大融资范围。积累部分资金，并整合、优化涉农资金（整治大江大河、整修水利设施工程、农田基本设施建设、防护林建设等专项资金）。按照"渠道不乱、用途不变、资金整合、各记其功"的要求，优化配置，提高投融资效益。三是完善投融资监管及风险评估机制，增强投融资主体的积极性。建立健全从上到下、自始至终投融资多元一体监管、考评机制，加强投融资风险监测、评估、考评，减少投融资风险，提高投融资效益和水平。四是建立平等参与竞争机制，营造公平、公正投融资环境。引入竞争机制，是降低投融资风险的有效途径。应鼓励、支持民营、社会、个体公平参与基础设施建设，既充分利用民营、个体、社会资金，又有利于建立公平公正的投资市场秩序，降低投资风险。五是建立健全融资担保、贴息机制，依法依规维护投融资主体合法权益。进一步寻取总结贴息、担保、资产抵押、税费优惠等贷款的有效经验，增加贴息、担保额度，加强对贴息、担保、资产抵押贷款的监管，维护投融资者的合法权益。

（四）优化服务，增强城乡一体化发展活力与动力

完善基本公共服务，是城乡一体化发展的纽带，是促进城乡一体化发展的活力与动力。

1. 健全服务网络，完善服务内容。一是适应城乡居民需求，健全"八位一体"公共服务网络体系。随着城乡一体化发展，城乡居民对基本公共服务的需求范围要求更广、标准更高、质量更优，一定要不断适应城乡居民的需求，逐步建立健全城乡教育、就业、社保、卫生、救助、住宅、文体、安全等"八位一体"公共服务网络体系。这也是推进城乡一体化发展的着力点。应坚持以民为本，以适应满足城乡居民需求为目的，以健全公共服务网络体系为基础，以完善统一

服务标准和待遇为目标，以增强公共服务持续支撑能力为重点，以优化服务队伍和质量为保障，逐步实现基本公共服务理念的民本性、政策的公平性、标准的一致性、制度的覆盖型、机制的长效性、程序的规范性、设施的配套性、服务的优质性、资金支撑性、工作协调性、城乡一体性。二是加强网络体系对接，实行信息资源共享。要加强"八位一体"网络的对接、互连、互通，做到信息收集、整理、储存、互通、互享，人员标准统筹、衔接、互通，困难问题协商、交流、研讨，待遇资金统一办理、审核、发放、监管。三是要健全服务平台，完善服务内容。要整合资源、职能，健全政府综合服务中心和基层服务平台、窗口。一般应由市级审核、县区级监管、乡村级办理，做到上下贯通、网络互连、职责明确、政策衔接、服务配套、管理规范、审核严格、服务优质。主要提供社保、医疗、就业、救助、住房等待遇审批与办理、岗位信息、教育培训、政策法规咨询、权益保护、纠纷调解等综合系列服务。

2. 加强政策标准衔接，分层分步推进。政策是实行均等化服务的保障，范围是衡量政策科学性、实效性的体现和标准之一。一是适应城乡居民需求，完善政策标准。应立足本地和全省实际，科学确定基本公共服务标准。坚持人民需求额度、政府财政承受程度、生产力发展力度相统一。二是加强标准衔接，缩小相互差异。城乡教育、就业、保险、医疗、救助、住房、生活、娱乐、安全等待遇标准应相互衔接，逐步统一。根据我省生产力发展水平和财政支撑力度，目前我省城乡标准待遇相当于三分之二之间趋于合理（与城乡居民纯收入相当），特困救助与一般居民待遇标准也是相当三分之二为宜，并要随着生产力发展和财力增强，逐步提升待遇标准，扩大覆盖范围，缩小相互差异，力争经过10年左右逐步过渡到统一，即：统一政策、统一标准、统一规范、统一发放、统一服务，真正由照顾性转变为普惠性，少数性转变为整体性，临时性转变为长期性。三是规范申报办理程序，严格审批管理。要进一步规范完善各类政策待遇享受标准、申报、办理程序，坚持由个人申请、基层审核、集体研究、上级审批备案，层层审核把关，防止待遇不落实、冒领、漏领、多领。确保各项待遇及时、准确落到实处，维护好城乡居民合法权益。四是健全动态管理机制，维护公平公正公共服务秩序。应建立健全及时准入、退出、转进转出的动态管理机制，充分发挥基本公共服务保障调剂城乡居民基本生活的作用，让更多的城乡居民都能享受到均等化服务，以体现中国特色社会主义的公平性、服务性、优越性。

3. 加大政府投入，渐进实行均等化服务。实行均等化服务是一个长期过程，需要分期分批渐进推进。而政府是责任主体，更要不断加大投入，积极推动。一是落实政府主体责任，建立专项资金。参照国际惯例和我国我省实际，基本公共服务支出，应以不低于财政支出的25%—30%的比重建立专项资金，并要随着财政增加而增加，专款专用，决不能挪作它用。二是加强扶困救弱，提高服务标准水平。通过转移支付、扶持政策、项目支持等多种途径，加大对特困地区公共服务投入力度，全面提高其基本公共服务水平，逐步缩小贫困与发达地区、城市与农村、贫困群体与城乡居民享受基本公共服务的差距，达到政策、标准、服务统一。三是严格资金监管，增强均等化服务实力。层层建立专项资金收支、营运监管专委会，加强对资金收支、拨付、发放、营运的全程监测、监督、检查、评估，并要强化征收营运，严格支出，不断提高资金使用效益和保值增值。

4. 强化服务监管，提高服务水平。一是优化服务队伍，强化服务责任。整合职能，精干队伍，明确职责，强化责任，加强协调，健全科学运行机制，形成工作合力。二是强化人员培训，提高服务能力。强化对法规规定、政策标准、服务态度、服务程序、规范、技能的培训，不断提高服务能力，以优质服务实现服务的公平性。三是严格考评监督，提升服务质量。要强化服务全程监督和目标责任考评及责任追究，不断提高服务质量和水平。

(五) 政策引导，开展农村土地制度改革与探索

土地制度改革是城乡一体化改革中的核心问题之一。我省城乡一

体化试点在土地制度改革方面应有更大的突破,可借鉴外省经验,出台政策,鼓励试点地区大胆创新,只要在国家法律范围内,一切都可以尝试。一是推进农村土地流转和规模经营。顺应农村劳动力转移趋势,研究出台农村土地流转的政策法规,推进建立县、乡、村三级土地流转服务机构,引导和规范农民及农村集体经济组织在"依法、有偿、自愿"的前提下流转土地。同时,配套实施支持规模种植养殖的措施,促进农村土地规模经营。二是启动农村产权制度改革。在城乡一体化试点地区开展以为农民承包地、宅基地、房屋确权、登记和颁证、建立农村产权交易机构为核心内容的产权制度改革,建立归属清晰、权责明确、保护严格、流转顺畅的现代农村产权制度。通过市场之手,充分发挥市场配置资源的基础性作用,让农民手中的"死"资产变成"活"资本,使农民成为真正的市场主体,使农村的生产要素自由流动起来。有了土地确权和相应的制度安排,工业向集中发展区集中、农民向城镇集中、土地向规模经营集中就有了根基,就能够保证在这个过程中"农民失地不失权、失权不失利、失利不失业"。三是推进城乡建设用地改革试点。在坚守耕地红线和粮食稳定红线的基础上,以探索建立城乡一体的建设用地市场为目标,稳步开展城乡建设用地增减挂钩、农村土地交易所等改革试点。按照"先补后占"的新型土地平衡理念,以农村土地交易所为平台实现农村集体建设用地的市场价值,促进国土整治和耕地再造等工程的实施,保护耕地,维护农民权益。四是制定鼓励和引导城市资源下乡扶农政策。为防范风险,引导工商资本与农民及农村集体经济组织共建共享,加强对资源下乡项目的监管,设定不突破国家基本建设程序、不违反国家政策法规及保护好农民利益等基本要求。在农村金融领域大胆创新,鼓励开发面向农村的金融服务和金融产品,促进金融服务向农村延伸,不断提高金融对农村产业的支撑能力。

(六)加强领导,形成良好的发展环境和推进合力

城乡一体化发展,领导是关键。一要健全科学领导机制,形成强大工作合力。坚持党政主导，部门通力协作。明确工作职责，强化目标责任，加强督导检查，严格考核评估。二要建立专项资金，提供工作保障。加强规划论证指导，强化项目研究评估。三要建立专家顾问团队，加强咨询指导、监督检查。加强对规划项目的论证评估。加强对有关政策问题的研究建议，加强对工作督导检查考评。四要打造一批示范平台，现场观摩引领。提供一批科学特色规划体系示范模型图案，打造一批特色城镇、品牌产业示范基地，规范有序交易、融资示范平台，建设优质基本公共服务中心和窗口。

实现城乡一体化，事关发展全局，惠及全体人民，功在千秋万代，我们建议省委、省政府把全面推进湖北城乡一体化作为贯彻落实习近平总书记视察湖北重要讲话精神、为实现中国梦作出湖北贡献的重要内容、重要举措、重要抓手，在新起点上成就新的伟大事业。

（撰稿人：蒋大国）

专题一

湖北省统筹城乡一体化发展规划研究

2008年10月党的十七届三中全会决定明确指出,"我国总体上已进入以工促农、以城带乡的发展阶段,进入加快改造传统农业、走中国特色农业现代化道路的关键时刻,进入着力破除城乡二元结构、形成城乡经济社会发展一体化新格局的重要时期。"要求各级政府"始终把着力构建新型工农、城乡关系作为加快推进现代化的重大战略","把加快形成城乡经济社会发展一体化新格局作为根本要求","统筹工业化、城镇化、农业现代化建设,加快建立健全以工促农、以城带乡长效机制","尽快在城乡规划、产业布局、基础设施建设、公共服务一体化等方面取得突破,促进公共资源在城乡之间均衡配置、生产要素在城乡之间自由流动,推动城乡经济社会发展融合。"党的十八大进一步强调,城乡发展一体化是解决"三农"问题的根本途径,要求进一步加大统筹城乡发展力度,增强农村发展活力,逐步缩小城乡差距,促进城乡共同繁荣。为了加快推进城乡一体化,湖北省委省政府先后提出了推进基础设施、产业发展与布局、区域市场、统筹城乡建设、环境保护与生态建设等"五个一体化"的要求及建设"五个湖北"的目标,并从2008年开始在鄂州进行城乡一体化的试点工作,探索经验,提供示范。经过一年多的鄂州试点,2010年将试点县市区扩大到仙桃、洪湖、监利、宜都、大冶、掇刀6个市(县、区)。在试点示范的引领下,各县市也积极探索,大力推进区域城乡一体化,湖北全省城乡一体化进程加速发展。

城乡一体化，规划是先导。统筹城乡协调发展，必须统筹城乡发展规划；推进城乡一体化，首要的是城乡规划一体化。为了深入了解湖北城乡一体化的进展，2013年4—5月，我们组织湖北经济与社会发展研究院的师生对鄂州、黄石、大冶、荆门等地城乡一体化发展规划的制订及实施情况进行了专题调查。根据此次调查，并结合前期对湖北省一些县市城乡规划的调研，我们对当前湖北县市城乡规划的实践进展、现存的问题进行评估和分析，并提出完善城乡一体化规划的建议。此次调查的四个县市都是全省城乡一体化试点地区，对这些试点地区的深入考察，有助于我们更深刻地认识先行者的探索、创新、困难和问题，更准确地把握城乡一体化发展未来的发展方向，在此基础上提出并制订有前瞻性的政策。

一 试点地区城乡一体化规划的新进展

2006年，武汉市汉南区制订了"汉南区城乡一体化空间规划"。该规划将汉南区的空间划分为"一轴三级三心四区"：以横贯境内东西的汉洪高速公路为主轴线；划分东、中、西三个地区，在汉洪线两侧各布置"一主一副"两个城镇，以工业发展为核心，形成三个区域增长级；以山水为核心开发风景旅游资源，建成蚂蚁山休闲度假区、滩头山郊野公园和五湖湿地公园三个绿心；划出大咀、乌金、邓南中西部、湘口4片主导特色鲜明的农业产业发展区。按照规划，至2020年，汉南区总人口不超过16万人，城镇化率75%。现有的101个农村居民点合并为4个中心集镇和20个中心村，占地由原来的9.4平方公里调整为6.1平方公里。"汉南区城乡一体化空间规划"是湖北省首个城乡一体化空间规划，也是湖北省推进城乡规划一体化最早的探索。

十七届三中全会之后，湖北省决定在鄂州进行城乡一体化试点工作，为此，2008年11月鄂州正式制订并通过了《城乡一体化规划纲要》。此后，随着仙桃、洪湖、监利、宜都、大冶、掇刀6个市

（县、区）被纳入试点县市区，各试点县市区都制订了城乡一体化的相关规划。一些非试点县市区，也根据中央和省委省政府的要求并参考其他地方的经验，纷纷制订各自的城乡一体化发展规划。从我们对鄂州、黄石、大冶、荆门等地城乡发展规划的制订与实施情况的调查来看，近些年来，各地城乡规划工作有如下新变化和新特点：

1. 城乡规划：从分割走向一体。

长期以来，我国城乡发展规划是"重城轻乡"、"城乡分割"的规划格局。城市和乡村分别依据《城市规划法》和《村庄和集镇规划建设管理条例》独立制订发展规划。2006年，汉南区率先在全省制订城乡一体化的空间规划，这是我省城乡一体化规划的探索和创新。2007年10月28日，第十届全国人民代表大会常务委员会第三十次会议通过了《中华人民共和国城乡规划法》，以此为标志，我国进入城乡一体规划的时代。自此以后，各地都按照城乡统筹发展的要求，制订城乡一体化发展规划，统筹城乡协调发展。此次调查的鄂州市、黄石市、大冶县及荆门市都先后制订了城乡一体化发展总体规划。如2008年鄂州市制订了《鄂州市城乡一体化规划纲要》，黄石市编制了《黄石市城市总体规划（2001—2020）》；近两年，荆门市集中力量，集中领导，投入近2亿元用于城乡各类规划编制，使全市城镇总规划和村庄规划及城区近期建成区控制性详细规划编制做到全覆盖。从全省及其他一些地方来看，也制订了一些区域性和总体性的发展规划。如全省制订了《武汉城市圈"两型"社会建设空间规划》、《鄂西生态文化旅游圈生态建设规划》、《长江经济带城镇布局规划》、《汉江中下游村镇布局与村庄整治规划》等一系列重要规划。在此基础上，全省也组织编制《湖北省城镇化与城镇发展战略规划》。据统计，全省所有建制镇、95%乡集镇和80.9%村庄完成了规划编制工作。这些规划的重要特点是城乡统筹，城乡一体规划。

2. 规划空间：从点线面走向全域。

从区域规划空间来看，直到2007年《中华人民共和国城乡规划法》出台前，我国各地发展规划不仅是城乡分割，而且，规划空间覆盖面有限，相当数量的县市及乡镇村没有制订发展规划。从全国来看，据统计，截至2007年，"建国后即便是在中国经济比较发达的东部沿海地区，城乡规划的覆盖面也不宽，甚至存在不少规划空白区。有的省辖市规划建设用地控制性详细规划覆盖率仅为三分之二，县级市规划建设用地覆盖率更是不到一半。"[1] 从我们所调查的县市区来看，一些县市区传统的城乡规划仅限于县市中心城市，少数重点镇，或部分区域建设和发展规划，绝大多数乡镇村没有完整和严格的建设规划。不过，2007年以后，各地建设规划在空间上逐步覆盖城乡，也从少数城镇规划点、试点村、建设带向全域性规划转变。如鄂州市在制订《城乡一体化规划纲要》中就强调把城市与农村作为一个整体，它把鄂州的1593平方公里土地，放在一个平台上去规划，城市乡村变成了一个统一的整体，统筹谋划，一体推进。为此，确定以主城区为中心、3座新城为支撑、10个特色镇为节点、106个中心村（新社区）为基础的城乡空间格局，构筑起城乡互动发展、整体推进的空间发展形态。黄石市也按照全域统筹规划的思路，编制了《黄石市城市总体规划（2001—2020）》。该规划基本形成了全市四级城镇体系，结合黄石市新的交通格局规划，市域形成了"一主一副、六纵六横"的城镇空间布局结构和甲级城镇体系。与此同时，也组织编制了《黄石市城乡一体化"十二五"发展规划（2011—2015年）》。2009年，武汉市制订并实施了《武汉市新农村建设空间规划》，确定了以"集中"为主线，以主城为中心，以发展轴线为骨架，向外围依次形成"新城建设发展圈"、"农业生产圈"、"生态维育圈"的圈层结构。针对农村地区普遍存在的聚居点多、小、散，建设粗放传统等问题，提出构建"城—镇—村"3级、7个层次的居民点中心体系，形成23个新城、15个中心镇、107个重点中心村的城镇乡村布局。从湖北全省来看，全省也确定了"一元多层次战略体系"，指以构建促进中部地区崛起重要战略支点为统领，全面实施

---

[1] 《城乡规划法引领中国进入城乡一体规划时代》，新华网，2007年10月28日。

"两圈一带"总体战略、"四基地一枢纽"产业发展战略和"一主两副"中心城市带动战略,积极打造东湖国家自主创新示范区、湖北大别山革命老区和武陵山少数民族地区经济社会发展试验区等一系列重要载体,将各市州关系全局的发展战略纳入省级战略体系,形成区域全覆盖、多载体支撑、多平台推进的战略体系。为此,也制订了《湖北省城镇化与城镇发展战略规划》,形成以城市群为主体,"一主两副"为引领,区域中心城市为支撑,县城和中心镇为节点的现代城镇体系。全省规划特大城市和大城市增至15个左右,中小城市增至50个左右,3万人口以上建制镇增至100个左右。这一系列规划都对各自区域经济社会发展及城镇化建设进行总体布局。全域规划也为区域规划发展的突出特征和共同趋势。

3. 规划内容:从单一到多位一体。

在各地规划实践中,省市及有关部门都曾就工业、农业、畜牧业、林业、能源、水利、交通、城市建设、旅游、自然资源开发等等制订过专项规划。一些县市区以及重点乡镇也曾就土地利用、产业布局、交通、水利等等制订过专项规定。为了实施城镇和区域总体发展规划,有的也要求制订相关专项规划,以进一步使总体规划具体化和细化落实。不过,在实践中,长期以来,一些地方总体规划不全面,专项规划不完整,有的甚至仅仅就某一方面制订了专项规划,规划单一,内容有限。这一状况在近几年有明显改变。从规划内容来看,根据中央统筹城乡协调发展和一体化的要求,湖北省委省政府也强调完善城乡规划、基础设施、公共服务等一体化体制机制,促进城乡要素平等交换和公共资源均衡配置,形成以工促农、以城带乡、工农互惠、城乡一体的新型工农、城乡关系,并明确提出"五个一体化"的要求,即实现城乡基础设施、产业发展与布局、区域市场、统筹城乡建设、环境保护与生态建设等五个方面的一体化。各地在城乡规划中,都将"五个一体化"作为规划基本内容和任务。如鄂州市在城乡规划中提出强力推进城乡规划、产业布局、基础设施、公共服务、社会管理、市场体系、基层党建"七个一体化";黄石市在城乡规划制订中要求遵循"五位一体"的要求，按照"城乡统筹、布局合理、产业支撑、功能完善"的思路，对小城镇经济社会发展规划、城镇规划、产业发展规划、土地利用规划、环保生态规划统筹安排，紧密衔接，一步到位，全面覆盖；根据"全国资源节约型和环境友好型社会建设综合配套改革试验区"的要求，武汉城市圈在建设中提出了实现"规划统筹、信息同享、产业同链、金融同城、市场同体、科教同兴、环保同治"的"八同"目标。2008年初春，新任武汉市市长阮成发进一步强调："在两型社会改革试验中，武汉首先推进城乡规划布局、基础设施建设、公共服务、劳动就业、社会管理、人口素质提升等六个一体化，加快建设具有武汉特色的富裕、和谐、秀美的新农村。"此后，武汉城市圈正式确定"五个一体化"。到2009年，先后编制并实施了武汉城市圈空间规划、产业发展规划、综合交通规划、社会事业规划、生态环境规划纲要等五个专项规划，对区域城乡一体化进行全面规划和布局。

表1　　　　　　　　武汉城市圈区域城乡一体化规划

"八同"	规划统筹，交通同网，信息同享，金融同城，市场同体，产业同链，科技同兴，环保同治
"五个一体化"	基础设施建设一体化、产业发展与布局一体化、区域市场一体化、城乡建设一体化、生态建设和环境保护一体化

资料来源：《武汉城市圈五个一体化》，人民网，2008年1月14日；湖北省人民政府新闻发布会：《武汉城市圈综合配套改革实验进展暨五个专项规划情况通报》，2009年4月28日。

4. 规划重点：从硬件到软件和体制。

在过去相当长时期，我国各地城乡规划的重点是土地利用、城镇空间、产业布局以及道路、交通、水利、通信等基础设施建设的规划。从某种意义上说，这些规划是对区域建设和发展"硬件"的规划，对于公共服务、基层组织、城乡体制以及党的建设等组织性、制度性和服务性内容少有涉及。近些年来，湖北各县市区城乡规划在强化这些硬件规划的同时，将城乡组织和体制建设，尤其是城乡均等化的服务作为重点，致力于突破现行的城乡二元化的体制和机制。如在城乡发展规划中，率先将"社会管理"、"市场体系"、"基层党建"等纳入城乡规划中，着力推进城乡组织、管理和体制一体化，构建城乡一体的规划体系、产业体系、基础设施体系、市场体系、公共服务和社会管理体系。在组织上对乡镇建置、城乡社区的布局进行调整和规划；在管理上，按照城乡一体化、社区网格化、管理信息化、部门联动化、服务多元化的思路，将农村社区、垸组划成3000多个网格，配备管理员，推进网格化管理；在服务内容中，鄂州市出台了《均衡城乡公共服务推进城乡一体化的意见》，大力推进户籍管理、就业、教育、医疗等十个重点领域和关键环节的改革，实现了城乡一体化的供水、交通、医保、社会救助、文化体育、低保、社会保险、就业服务八个方面的全覆盖，努力实现城乡基本公共服务制度统一、标准一致、水平均衡。2008年5月，湖北省委、省政府确定建立"仙洪新农村建设试验区"，将地处洪湖周边的仙桃市、洪湖市、监利县所属14个乡镇（办事处、管理区、工业园区）、407个村作为新农村建设试验区。① 湖北省委省政府要求仙洪试验区按照"以城带乡、以工促农、城乡一体、统筹发展"的总体目标，大力推进"三个集中"（工业向园区集中、人口向城镇集中、居住向社区集中）和"两个延伸"（基础设施和公共服务向农村延伸），着力破除城乡二元结构，缩小城乡差别，形成城乡联动发展、城乡和谐融合、城乡共享现代文明的城乡经济社会一体化发展新格局。为此，洪湖市明确提出"八个一体"的建设任务，其中，公共服务、劳动就业、社会管理、市场体制和基层党建等成为建设规划的重要内容。

---

① 2009年，省委、省政府进一步扩大了试验范围，将仙桃市、洪湖市和监利县的9个乡镇、322个村也纳入仙洪试验区建设范围。

表 2　　　　　　　仙洪实验区洪湖市城乡一体化建设方案

基本原则	1、科学规划，合理布局；2、市场运作，体制创新；3、城乡联动，双向推进；4、以人为本，协调发展。	
发展目标	到 2012 年	全市城镇化率达到 43%，人均 GDP 达到 16000 元左右，农民人均纯收入达到 7600 元。
	到 2017 年	全市城镇化率达到 50%，人均 GDP 达到 29000 元左右，农民人均纯收入达到 12800 元。基本实现城乡一体化的工作目标。
主要任务	城乡规划布局一体化	"1351"城乡一体化规划布局，即一个中心城区、三个辅城区、五个特色重点镇、一百个中心村；并在全市形成三大主体功能区（现代制造业区、现代农业示范区、生态旅游宜居区）。
	城乡产业布局一体化	工业布局、农业布局与服务业布局要统筹谋划，既要体现出主体功能区的规划，又要实现城乡产业的互融互补。
	城乡基础设施一体化	加强城乡交通网络建设、加强城乡公用设施建设、加强农业生产基础设施建设、加强城乡生态环境保护。
	城乡公共服务一体化	推进城乡教育均衡发展、优化城乡卫生服务体系、繁荣城乡文化事业、构建城乡科技服务体系、完善城乡邮政公共服务体系。
	城乡劳动就业一体化	建立覆盖城乡的人力资源信息网络、大力推进城乡就业培训一体化、建立统一的公共就业服务制度。
	城乡社会管理一体化	逐步实行城乡一体的新型户籍管理制度、建立城乡一体的社会保险体系、建立城乡一体的社会救助体系、建立城乡一体的社区管理体制。
	城乡市场体系一体化	完善城乡市场体系、培育城乡流通主体、加强城乡市场对接。
	城乡基层党建一体化	探索建立稳定的基层干部队伍激励保障机制、全面推进市直单位与乡镇人才交流工作、抓好"演员群众服务中心"规范化建设。

续表

基本原则	1、科学规划，合理布局；2、市场运作，体制创新；3、城乡联动，双向推进；4、以人为本，协调发展。	
主要措施	强化规划先导	精心编制全市城乡一体化规划纲要与八个专项规划。①
	促进"三个集中"	促进土地向规模经营集中、促进工业向园区集中、促进人口向城镇集中。
	深化"五项改革"	深化土地制度改革、深化户籍制度改革、深化财政体制改革、深化投融资体制改革、深化农村综合改革。
	加强组织领导	加强指导协调、完善考核体系。

说明：根据《洪湖市城乡一体化试点工作方案》制作。

5. 规划类型：从单项规划到规划体系。

从各地调查来看，城乡规划类型多样，其中，包括城镇体系规划、城市规划、镇规划、乡规划和村庄规划。城市规划、镇规划又有总体规划和详细规划。详细规划也分为控制性详细规划和修建性详细规划等等。这些规划本身是一个规划体系。由于各地城乡规划涉及面广、规划任务重，同时，也便于各级和各类规划的衔接，各地在规划制订中，都实行上下结合、统分结合，由各个部门或各级政府调查拟定专项或区域性规划，再上下结合，制订区域性总体规划。确定区域总体性规划之后，再又进一步细化确定各方面和各地区的具体规划，由此形成规划体系。如大冶市立足"全域大冶"理念，启动了大冶市城乡总体规划编制工作，计划 2013 年 10 月份完成初步成果。同时，指导乡镇启动了镇区控制性详细规划编制。其中，灵乡镇和金牛镇控规编制已在全市率先完成，陈贵、保安、大箕铺镇、还地桥镇等控规正在抓紧编制之中。20 个小集镇规划计划在 2013 年完成 5 个

---

① 这八个专项规划分别是：社会保障、社会救助、城乡供水、城乡交通、城乡文化、教育体育、金融服务与市场建设。

（小箕铺、姜桥、陈如海、新阪、戴岭），目前已经完成3个（陈如海、新阪、戴岭），其他2个正在编制。在制订乡镇规划的同时，按照乡镇安排8—10个新社区，全市确定了100个中心村（社区），制订社区规划，由此形成从上到下的多层面规划体系。鄂州市也编制完成鄂州市城乡总体规划，长港示范区3座新城、10个特色镇规划和106个新社区的专项建设规划；同时，编制完成一系列专项规划，如仅交通方面就编制了《鄂州市交通基础设施建设十二五规划》、《鄂州市交通枢纽规划》；制定了《2009年—2011年鄂州市城乡交通一体化试点实施方案》、《鄂州市推进城乡一体化交通网五年实施纲要（2012—2016）》等，初步形成了城乡统筹体系和监督执行体系。近两年，荆门市集中力量，集中领导，投入近2亿元用于城乡各类规划编制，编制了中国农谷发展规划、荆门城市空间发展战略规划，推进新一轮荆门市总体规划修改、县市区及重点镇总规划修改完善、"一核六片十五园"等工业园区控规、各类专项规划编制工作。目前，正在编制"两个三角"、"三条走廊"建设规划。"两个三角"，即从荆新线到五洋线到207国道1390平方公里的"小三角"，同步发展示范区，从皂当线到汉宜线到207国道5000平方公里的"大三角"；"三条走廊"，即207国道胡集至子陵段生态工业走廊，五洋线生态农业走廊，大洪山百公里生态旅游走廊。由此，逐步建立了覆盖城乡、纵横相连的规划体系。在纵向上，统筹编制市、县、乡、村四级规划。在横向上，强化基础设施、产业发展、土地利用、社会事业、生态环境等子规划的科学编制和深度融合，形成了全面覆盖、互为支撑的规划体系。

6. 规划管理：从形式化到法制化。

由于规划的技术性、专业性和复杂性，各地城乡规划大多由专业技术人员和专门部门来制订。由此，也常常出现规划的部门化、社会公众参与不足、规划的公共性较弱的问题。同时，在现行权力较为集中的体制下，规划的稳定性和权威性不高，形式主义严重，甚至可能因少数领导的一言废弃，难以有效落实。为此，国家新的

《城乡规划法》进一步明确了各级政府的规划责任，并强化城乡规划的公共政策属性，提升规划的法律地位。如《城乡规划法》按照政府层级设置了四个层级、五大类的全新的法定规划体系。国家层面为全国城镇体系规划；省、自治区层面为省域城镇体系规划；城市层面为城市规划；县、镇层面分别为乡规划和镇规划；村庄层面为村庄规划。体现了一级政府、一级事权、一级规划的原则，突出了政府的城乡规划责任主体地位。同时规定，"经依法批准的城乡规划，是城乡建设和规划管理的依据，未经法定程序不得修改"，"城乡规划组织编制机关应当及时公布经依法批准的城乡规划。但是，法律、行政法规规定不得公开的内容除外"，"任何单位和个人都应当遵守经依法批准并公布的城乡规划，服从规划管理，并有权就涉及其利害关系的建设活动是否符合规划的要求向城乡规划主管部门查询"，"任何单位和个人都有权向城乡规划主管部门或者其他有关部门举报或者控告违反城乡规划的行为。城乡规划主管部门或者其他有关部门对举报或者控告，应当及时受理并组织核查、处理"。这些规定强化公众对规划的知情权、参与权和监督权，也强化了规划的权威性。2011年8月，湖北省《湖北省城乡规划条例》也对城乡规划的制定与修改、城乡规划的实施与管理、城乡规划的监督检查、法律责任等等进行了明确规范。在所调查的鄂州、黄石、大冶和荆门等县市，规划制订也采取政府统一组织，部门各负其责并请专家团队制作。对于规划草案，也通过本行政区域的主要报刊、广播电视、网站等新闻媒体向社会公布，鼓励社会公众参与、提出建议。鄂州市区域规划修编都是通过招标聘请国内外知名专家和专业人士设计。如长港恫山新社区规划，先后聘请武汉泛华设计公司、武汉中南设计院等多家单位进行整体设计，八易其稿才敲定方案。最后的规划根据《湖北省城乡规划条例》的要求，审批和备案，其中，城市、县人民政府城乡规划主管部门组织编制城市、县人民政府所在地镇的控制性详细规划，经本级人民政府批准后，还要报本级人民代表大会常务委员会和上一级人民政府备案。

其他镇的控制性详细规划由镇人民政府组织编制，经上一级人民政府批准。城市总体规划修改在报批前还应先经本级人民代表大会常务委员会审议；镇总体规划、乡规划修改后，在报批前应先经镇、乡人民代表大会审议。这些规定也是旨在进一步强化相关规划的权威性。为了加强规划制订的规范性和有效监管，大冶市还制订了《关于进一步加强城乡规划建设管理工作的意见》规范性文件，进一步明确了市、乡镇规划建设管理职责和规程，加强规划管理。荆门市着力强化市（县、镇）长管规划机制。建立城市规划建设管理周六例会制度，由市长召集有分管副市长和副秘书长、四区五部门参加的策划、评审、协调会议，研究重大项目规划建设问题。建立县（市、区）长和乡镇长定期讲评规划制度，由县（市、区）长和乡镇长讲城镇规划、园区规划、新区规划，逼着各级领导做规划管理的内行。强化重点区域的规划管控。出台漳河水库"三圈"范围线规划、漳河水库饮用水源保护规划等规划，强化漳河的保护利用。加强对城镇周边、景区周边、公路干道沿线规划管控，实行集中统一管理。强化农村建房规划管理。制定"三村"（城中村、城郊村、园中村）整村推进城镇化的意见、加强全市交通干道沿线村庄规划和环境治理的意见等文件，禁止乱建房、浪费土地现象的发生。

7. 规划实施：从试点示范逐步推进。

从城乡一体化的推进方式来看，我省实行试点示范、先行先试、逐步推进的策略。在城乡一体化规划的制订上，也表现为试点先行、逐步推进的方式。如鄂州作为全省第一个城乡一体化试点城市，先行制订了全市城乡一体化的规划；仙洪实验区作为农村跨区域新农村建设地区，也致力于统筹城乡发展，制订了区域性城乡一体化规划；武汉市作为国家两型社会建设改革实验区，也制订了武汉城市圈城乡一体化建设规划。这些规划给其他县市规划提供了经验和示范。从各试验区和县市区城乡一体化规划的制订来看，各地也是采取突出重点、先试先行、逐步推进的方式。如鄂州在规划编制中，按照"规划一步到位，建设分步实施"的原则，对全域规划进行总体规划。在此基础上，逐步制订一些开发区和基层乡镇村规划，逐步推进规划具体化及城乡一体化的建设。为了推进新社区建设，探索积累经验，鄂州启动大湾社区试点。在大湾社区开展"1+8"社区服务平台试点，实行"三个下沉"：一是人员下沉，将原葛店镇干部下沉到社区，配齐配强社区领导班子；二是经费下沉，按照"权随责走、费随理转"原则，使社区财力得到了有效保障；三是资源下沉，整合社区工作和活动用房，社区资源得到了合理有效运用，发挥村镇和社区干部的作用。大冶市为了扎实推进城乡统筹发展和城乡一体化试点村建设，按照试点先行、以点带面的总体思路，市委市政府重点围绕106国道和大金线、铁贺线等"两线城镇带"开展城乡一体化试点村建设工作，以推动全市城乡统筹发展；荆门市也选择京山县宋河镇、沙洋县后港镇、钟祥市胡集镇、屈家岭管理区易家岭办事处4个镇（办事处）开展镇域城市建设试点，为此出台了《关于开展镇域城市建设试点工作的意见》，提出在稳定区划的基础上，通过政策扶持、体制创新、权力下放，有效整合城镇资源和农村资源，将试点镇加快建成具有较强辐射带动力的小城市、县域副中心、小城镇建设的示范和样板。

仅从上述几个方面可以看出，新世纪以来，特别是新的《城乡规划法》制订后，我省试点县市区在城乡发展规划中都致力于制订城乡一体化发展规划，以统筹城乡发展，推进城乡一体。城乡规划的制订、管理、实施及其内容、重点都有新的变化和特点。城乡规划一体化，本身也是城乡一体化的内容和表现。随着我省各地城乡发展规划从城乡分割向城乡一体转变，城乡一体化规划从宏观到微观、从高层到基层、从试点到全域的不断覆盖和完善，也表明，我省城乡关系正从城乡二元化向城乡融合和一体化转变，城乡一体化在实践中正不断拓展和深化。这无疑是新世纪以来我省城乡发展最显著和重大的转变。

二 当前城乡一体化规划中存在的困难与问题

虽然我省城乡一体化规划不断完善，城乡一体化进程加速发展，但是，从鄂州、黄石、大冶、荆州等县市的调查来看，城乡发展规划制订中仍存在不少困难和问题。其中，最为集中和突出的表现有如下几个方面：

1. 城乡一体化规划的覆盖面有限。

虽然县市区都高度重视城乡一体化规划的制订工作，但是，由于各地城乡一体化建设工作起步不久，推进的时间和力度不一，城乡一体化规划的制订工作也发展不平衡。从所调查的试点县市区来看，基本上完成了区域性城乡一体化的总体规划的制订工作，也编制了部分专项规划。但是，有些县市区城乡规划在空间上和内容上都没有全覆盖。从内容上看，一些地方仅仅制订总体发展规划，缺乏控制性详规；有些专项规划还没有制订。如鄂州市虽然有全市"一主三新十特"的总体规划，也有交通等专项规划，但是，没有公共文体设施专项规划。全市重点建设的三个新城区（葛华科技新城、红莲湖旅游新城、花湖工贸新城）也没有规划建设大中型公共文化设施。从空间来看，有相当数量的乡镇和村级规划没有完成，城乡一体化内容和地域的覆盖面均有限。如黄石市已经完成了33个乡、镇、场的总体规划，编制了10个重点镇的镇区控制性详细规划编制和200多个行政村、500多个自然村的规划编制，以及了小雷山风景区、仙岛湖风景区、黄金湖、坳头村、灵成工业园、凤庄新农村示范区等一批专项规划工作。然而，据统计，仅大冶市就有10个镇、6个乡和1个农场，还有330多个村委会。黄石阳新县也有6个镇，5个农场和开发区。显然，与全市实有乡镇场及村委会数相比，还有部分乡镇场和大量的行政村和自然村并没有编制相关规划。大冶市城乡总体规划编制工作仍没有完成，计划2013年10月份完成初步成果。乡镇镇区控制性详细规划也仅仅是在几个乡镇试点，其中，灵乡镇和金牛镇控规编制已完成,陈贵、保安、大箕铺镇、还地桥镇等控规仍在编制之中。20个小集镇规划计划将在2013年完成5个(小箕铺、姜桥、陈如海、新阪、戴岭),其中,已经完成了3个(陈如海、新阪、戴岭),其他2个仍在编制;村级城乡一体化主要在11个试点村进行,100个中心村(社区)规划制订刚刚开始。显然,迄今为止,即使在一些试点地区,城乡一体化建设规划也主要是宏观发展规划,控制性详规及一些专项规划仍在编制过程中;乡镇村规划工作进展缓慢,建制镇镇区控规仍没有全覆盖,相当数量的村庄规划仍是空白,城乡规划的覆盖面仍有限。从全省来看,2010年,省委、省政府出台了《关于加快推进新型城镇化的意见》,要求小城镇尤其是中心镇和特色镇编制规划,但目前只有三分之一的镇主动进行了规划修编,绝大部分的镇还迟迟未动。[①]

2. 城乡一体化规划的科学性不足。

规划的科学性和合理性是规划的生命。从调查来看,各县市区都致力于对城乡发展进行科学规划,也采取了诸多的措施,如在规划制订过程中进行前期调研、专家论证、广泛公开、层层审批等等,同时,运用现代信息技术手段,对规划区域、规划内容进行采样分析,对规划期进行预测评估等等,以确保城乡一体化规划的科学化、标准化和信息化。不过,我们也看到,由于规划不仅涉及大量的基础地理信息资料,也涉及经济发展、产业结构、人居状态、文化传统、制度安排、产权归属等等大量的经济、社会、政治和文化信息,然而,长期以来,我国地方相关信息不全,尤其是乡镇和村级缺乏地理、生态、生产以及生活方便的基础信息,同时,现有的信息也分属不同部门所掌握,还有不少统计数据不尽准确,因此,这些都给规划的科学制订造成困难。加之,相关规划制订过程中投入不足,规划制订时间紧、任务急,有的规划缺乏严格、科学和翔实的调查。如有一个村级规划投入仅两万元,规划承担者无法对村庄地貌、地籍、气象、地

---

① 张学峰:《小城镇建设如何做成"大文章"》,《中国建设报》,2013年2月26日。

震、地质、水资源、水文、环境以及地下设施等等进行勘察、测绘和统计，只能是"粗线条规划"、"跟着感觉走"、"跟着形势跑"，难以科学规划。一些规划也缺乏前瞻性，如在教育发展专项规划方面，近些年来，各地根据调整学校布局的要求，对农村中小学进行了大量的撤并。黄石市2001—2011年就撤并学校235所，其中教学点53所、小学163所、初中19所。根据规划，2013—2015年拟再撤并学校47所，其中教学点13所、小学27所、初中7所。但是，由于中小学布局规划不周全，大量的学校撤并增加了一些农村地区学生的上学成本，造成不良影响。为此，有的撤并的学校不得不重新恢复。据了解，黄石全市拟恢复学校52所，其中教学点33所、小学18所、初中1所，拟新建学校17所，其中小学14所、初中3所。通过这些措施以消除过度撤并的不良后果，满足农村基础教育的学校需求。在现行农村社区建设和网格化管理的规划中，一些地方农村社区的选点布局不尽合理，有的人口规模过大，有的在建社区中心过小；有的实行迁村腾地，鼓励农民集中居住，但是，社区中心产业不发达、就业能力有限。尤其目前城乡户籍制度和公共服务制度改革不到位，不少地区农民按要求被迫进入当地中心社区聚居，一旦农民自由流动，一些社区人口便难以聚集。这一切都给未来社区发展埋下隐患。

3. 城乡一体化规划的建设标准不高。

虽然各地在城乡一体化规划中都强调推进城乡基础设施和公共服务的一体化，对城乡基础设施建设以及公共服务标准进行了规定，但是，由于各地经济社会发展水平不一，因此公共基础设施及公共服务水平不高，如鄂州市文化设施整体水平不高，全市没有文化中心、少儿图书馆、艺术馆（美术馆）、体育中心、体育馆、体育场、游泳馆等公共文化体育设施，现有的文化设施也非常陈旧、功能落后；省京剧二团剧场是80年代建筑，现已成危房；市图书馆是80年代初的建筑，没有进行过整体维修改造；明塘体育场风化严重，内场已无法承接正规比赛；乡镇电影院、大礼堂大部分属危房，基本没有运营。但是，现有财政能力有限，难以进行大规模维修建设，也未能将其纳入规划建设之中。不仅如此，由于我国城乡经济社会的偏斜发展，城乡基础设施建设水准、公共服务的数量品质都存在较大的差距。农村基础设施建设和公共服务的水平远远落后于城市。在现行的城乡发展规划中，各地都考虑到城乡差距的实际状况，以及现行财政投入能力，对城乡设施建设以及公共服务标准做出不同的规定。农村一些规划建设标准比较低，尤其是在农村清洁饮水工程、村村通道路建设工程、办公场所建设、卫生室、文化活动设施、中小学及幼儿园以及信息服务平台建设等等方面，规划标准只是基本满足功能的需要，建设投入少，建设标准低。从目前来看，这种广覆盖、低标准是一种现实的考量，也有助于提升农村公共基础设施建设和公共服务水平，但是，城乡长期的双重标准，也必将影响城乡一体化和均等化的目标。

4. 各地区及城乡各类规划衔接不够。

虽然各地都强调城乡规划的统一性和协调性，但是，由于现行规划仍是由各级政府、各个部门分别制订，因此常常造成上级政府规划与下级政府规划不协调、政府总体规划与专项规划不协调，以及同一域区地方政府之间规划不协调。从调查来看，一些地方在城镇发展、空间布局、土地利用、产业发展、社区建设、基础设施和公共服务等方面的规划存在一些冲突和矛盾。如一个城市的土地利用规划不能细化至每一个村庄，在乡村根据人口规模测算出来的居住和宅基地需求规模常常远远大于国家和地方土地政策的相关规定指标，村庄规划难以和土地利用规划相衔接。城乡发展，产业是基础。没有产业的支撑，新型农村社区也就是无源之水、无本之木。只有依靠坚实的产业支撑，才可以推动新型农村社区的快速健康发展，让入住社区的农民搬得出、稳得住、能发展、可致富。然而，一些地方的产业进入园区、农民进入社区，产业园区与社区布局不完全协调，造成社区的空洞化和空心化。一些县市热衷于"做大做强"，有些武汉周边的城市也规划为大中心城市，县市规划与武汉城市圈的规划难以有效衔接。武汉城市的扩张、人口和资源聚集的吸纳效应，将直接影响周边城市发展规划的可行性。各地都制订了交通规划，但是，由于一些地方政府之间在交通的规划布局、建设重点、建设时限等方面的意见不一致，常常造成城市之间、地区之间的交通建设步调不一致，出现断头路，道路不能畅通。

5. 城乡一体化规划财政投入不足。

城乡规划制订需要大量的人力、物力、财力和技术的投入。从调查来看，不少地方为此做出了巨大的努力。如仅2007年，大冶市共投入1032万元用于全市城乡规划基础测绘和规划编制工作。其中，投入531万元启动城市规划区45平方公里1/500数字地形图编制和城区450公里管线测量工作；投入231万元聘请湖北省规划院、华中科技大学等单位完成了火车站片区控制性详细规划和"两湖一园"修建性详细规划、城东北新区修建性详细规划等重点区域详细规划的编制工作，基本实现了主城区控制性详细规划的全覆盖；投入80万元编制了公交专业规划、户外广告专业规划、人防专业规划、绿地系统专业规划、燃气专业规划等专业规划方案；投入约60万元解决未完成乡镇的总体规划修编；此外，投入40余万元编制社会主义新农村建设村庄整治规划40余个。对大冶县来说，这种投入是前所未有的。但是，我们也看到，对于如此大规划的城乡规划编制来说，经费是远远不够的，尤其是每个村庄规划仅一万元，无法进行村庄全面的测绘，也无法制订详细规划。从其他一些县市的调查来看，乡村规划普遍面临缺乏详细和系统基础地理数据的技术困难。由于目前各县市区有资质的规划编制单位有限，技术人员缺乏，加之政府财力投入有限，有的村庄规划也仅投入2万元，无法支撑对乡村地理信息数据的测绘和收集整理。不少地方只能通过精度有限的卫星图像和小比例尺地形图资料进行比对、转换后绘制，难以保障科学和准确性。

6. 城乡一体化规划的实施比较困难。

城乡规划能否发挥作用在于能否有效实施。然而，调查也发现，不少地区的规划的可操作性不强，有的难以全面实施，有的实施困难重重，有的甚至流于形式，难以落实。如各县市都制订了一些村庄和社区建设规划，这些规划对村庄和社区的居住空间、公共基础设施布局等也进行了规划，但是，由于土地已经承包到户，长久不变，宅基地也各有其主，无法调整或调整成本太高，村庄公共设施建设规划事实上难以按规划实施。从各地城镇发展规划来看，虽然对城镇土地利用和空间布局有明确的规划，但是，一些地方不顾环境资源承载能力和经济条件，盲目扩大城市建设规模，搞"政绩工程"、"形象工程"，中心城镇大规模扩张脱离地方实际，尤其是这种扩张和规划是建立在现行的土地、户籍和公共服务体制等制度基础上，一旦超出了人口和环境的承载力，或者征地制度改革、土地利用趋紧、人口自由流动以及城镇土地规模的控制，现行的城镇规模及发展空间将受到限制，过度规模扩张的城镇规划难以执行。不仅如此，在现行的城乡二元化体制未能完全消除、行政区划式的地方管理体制仍然延续之时，城乡之间以及地区之间的一体化受到利益、体制和制度的限制，一些致力于城乡一体化的规划在实施中也面临诸多的困难。如城乡交通一体化是城乡一体化的基础性工程，但是，各地都反映城乡公交一体化进展缓慢，困难重重。如过去的四年来，鄂州市在城乡公交一体化改造上进行了一些尝试，但遇到的问题很多，阻力很大：一是管理体制不顺。长期形成的现行的"二元分割"城乡客运管理体制，成为推进城乡客运一体化工作的主要障碍。公交客运和道路客运相互交织，各自为争夺市场，不仅互相封锁，而且人为地为城乡客运一体化的发展设置障碍。例如市内公交车延伸到乡镇，都与正在营运的道路客车存在着不可调和的利益矛盾，协调困难大，难以推进。二是税、费负担不公允。公交车享有各种优惠、减免和补助政策，道路客车则没有。虽然费改税实施后，道路客车不再缴纳各项交通规费，但城市公交仍然享受国家全额的燃油补贴、少量的地方财政补贴。道路客车虽也享受国家的燃油补贴，但补贴数额仅为城市公交的一半。这些利益、政策和体制性障碍，造成城乡交通一体化进展缓慢。

7. 城乡发展规划的权威性不强。

虽然各地都制订了相应的城镇空间、土地利用以及产业布局等等发展规划，但是，在实践中，一些地方规划的权威性不高。有的"先建设后规划、边建设边规划",规划的随意性大;有的"一届政府,一个思路,一套规划",以至于规划经常性地重新编修;有的经常突破规划的红线,不断调整规划;有的甚至因某个领导人的好恶,重新修改甚至废止规划,如此等等,以至于有的人称现在的规划是"规划规划,桌上画画,墙上挂挂,规划赶不上变化,变化顶不上电话,最后看谁的官大,落实的还是大官的最后一句话!"如土地利用总体规划是各地的基础性规划,也是城乡经济社会可持续发展的重要保障。在我们国家,对耕地实行最严格的保护政策,对土地实行最严格的管理制度。然而,我们也看到,现实生活中,以各种名目占有土地、突破土地红线的情况依然存在。有的以"占补平衡"的方式占有耕地;有的以"公共利益"的名义大肆征用土地;有的以"经营城市"的方式大搞土地开发。其结果是不断突破土地红线,也突破了现有的规划。尤其具有讽刺意味的是,一些地方对耕地的征用和侵占还是以规划的名义进行,通过制订或调整土地利用和城镇规划,征用农民的土地,实现城镇的扩张。由此,也导致出现大量侵害农民权益的行为,引发诸多的征地冲突,损害党和政府的威信,破坏社会的和谐。

总之,虽然近几年来我国城乡规划有长足的进步,各级政府的规划意识日益增强,规划的科学性不断加强,规划的权威性不断强化、在实践中的影响和作用日益明显,但是,城乡规划的制订、实施和管理仍存在不少困难和问题。这些问题的存在也在相当程度上影响和制约湖北城乡一体化的发展。随着城乡经济社会的发展,必须进一步提升对城乡一体化规划的认识,完善规划的编制规程,增强规划的科学性和权威性,为城乡一体化提供有力的支撑。

三 进一步提升城乡一体化规划水平的若干建议

当前及今后一个时期,是我国全面建设小康社会的关键时期,也是加快推进并实现城乡一体化的重要阶段。我省也进入破除城乡二元化体制、消除城乡政策性差别、全面推进城乡一体化、促进城乡协调发展、实现城乡深度融合的关键阶段。在新时期新阶段，我们必须全面贯彻党的十八大精神，根据"五个湖北"的建设要求，进一步更新发展和规划理念，完善规划编制和管理机体，提升规划的科学水平，用科学的规划引领发展、指导实践、规范行为，促进城乡一体化的快速健康发展。

1. 更新观念，用科学的理念指导规划。

观念和理念是人们在实践中形成的各种认识。一定的观念和理念也支配和影响人们的实践行为。在新的历史时期，我省城乡一体化进程进入新的阶段，党和政府对城乡一体化也有新的要求，在城乡一体化规划中，也应进一步更新观念，用科学的理论指导规划。

（1）从全域到全局。城乡一体化规划是一个地区统筹城乡经济社会发展的总体规划，也是一项全局性、综合性、战略性的工作。这首先就要求要有全域观念，对城镇与乡村地区进行全域规划。从各地调查来看，各地城乡一体化总体规划已经逐步覆盖城镇地区和乡村地区，城乡道路交通、电力通信、土地利用、产业结构等基础设施建设和空间布局已经实现城乡统筹、全域覆盖。不过，城乡一体化规划不仅仅是规划空间和地域的全覆盖，也要有全局观。这要求对城乡政治、经济、文化和社会生活等各个领域进行总揽统筹，同时，要正确处理当前规划与未来发展、本地规划与邻域规划、上级规划与下级规划、专项规划与总体规划等各方面规划的关系，按照城乡一体化和五个文明建设的总体要求，立足当前，面向未来，统筹兼顾，综合布局。当前尤其要具备宏观的视野，根据人类社会发展的总体趋向、全国及中部地区和湖北发展的总体布局，结合各县市区对自身发展进行科学定位，合理规划；要切实处理好城市与乡村、工业与农业、局部与总体、发展与保护、社会与生态等等关系，实现城乡经济、社会和自然生态的和谐和可持续发展。

（2）从生产到生活。长期以来，我国经济社会发展及建设规划的制订中存在"重经济、轻社会"、"重生产、轻生活"、"重硬件、轻软件"的状况。特别是在实践中，一些地方强调"以经济发展为中心"、"发展是硬道理",城乡规划往往注重大规模的城镇建设和经济建设,而忽视文化建设、生态环境、生活空间以及精神需求,以至于出现对环境和文化的破坏,城乡公共设施、生活空间等的规划不足,经济生产与人们的生活脱节等现象,这不仅给人们的生产和生活带来不便,增加了生活和社会成本,也造成大量的资源浪费和生态损失。事实上,我们发展的目标都是为了满足人们的需求,改善人们的生活,促进人的全面发展和人类社会可持续发展。人的基本需求在于"生活",健康的生活空间是实现可持续发展的基础所在,这不仅需要为人们提供优质的空气与水,也需要完善的基础设施、充足的住房、便捷的工作地与配套服务。人是社会的动物,也需求一定的社会交往空间、安全的生活生态环境以及满足人们精神文化生活需求的设施,因此,在规划制订中,必须从单向的生产或经济规划向生产生活协调发展转变;从"为城乡经济发展而规划"转向"为人的全面发展而规划"转变。这要求各地在规划中回到"人"本身,立足于满足市民日益增长的物质、文化和环境需要,提升人们生产和生活的便捷性和舒适度,为城乡居民全面发展和安居乐业创造基础和条件。

(3) 从生命到生态。党的十八大将生态文明建设与经济建设、政治建设、文化建设、社会建设并列提出,把生态文明建设提高到前所未有的地位,强调,"建设生态文明,是关系人民福祉、关乎民族未来的长远大计。面对资源约束趋紧、环境污染严重、生态系统退化的严峻形势,必须树立尊重自然、顺应自然、保护自然的生态文明理念,把生态文明建设放在突出地位,融入经济建设、政治建设、文化建设、社会建设各方面和全过程,努力建设美丽中国,实现中华民族永续发展。"生态文明建设的提出,不仅是我们党和国家对未来发展的战略定位,也是我们对人类社会永续发展的深刻思考。从历史上看,人类对生存和发展的认识经历了两次重大的转变,这就是从传统的以"人命为中心"到"生命为中心"的转变,从"生命为中心"向"生态为中心"的转变。人们不再强调人是世界的唯一,人类的生存也应以尊重其他动物的生命以及生态环境为前提。人、社会与自然只有和谐共生，才能永续发展。正因如此，在城乡一体化规划中，我们必须将生态文明建设放在突出地位，贯穿于城乡经济建设、政治建设、文化建设、社会建设各方面和全过程，实现"生产"、"生活"和"生态"的"三生和谐"，"业态"、"生态"和"心态"的"三态健康"。尤其是当前，要按照人口资源环境相均衡、经济社会生态效益相统一的原则，控制开发强度，调整空间结构，促进生产空间集约高效、生活空间宜居适度、生态空间山清水秀，给自然留下更多修复空间，给农业留下更多良田，给子孙后代留下天蓝、地绿、水净的美好家园。

（4）从规划到法规。长期以来，一些人仅仅将城乡规划视为一种"规划"，甚至是实施管理的"办法"。城乡规划的地位不高，权威性不强，稳定性不足。事实上，城乡规划是遵照现行的法律法规并以《城乡规划法》为依据，为了协调城乡空间布局，改善人居环境，促进城乡经济社会全面协调可持续发展而制订的法规文件。城乡规划，包括城镇体系规划、城市规划、镇规划、乡规划和村庄规划。城市规划、镇规划分为总体规划和详细规划等等都是规划的具体形式，也是具有法律效力的规划。规划的制订有严格的法律规程，经依法批准的城乡规划，是城乡建设和规划管理的依据，未经法定程序不得修改。在规划区内进行建设活动，也必须遵守土地管理、自然资源和环境保护等法律、法规的规定。城乡规划也是这些法律的具体化。因此，必须切实提升对城乡规划法律地位的认识，形成规划是法规的理念和意识，维护规划的权威性。

2. 聚优发展，用科学的原则引导规划。

规划的过程是优化空间布局、优化产业结构、优化资源配置、优化人与资源关系以及优化公共服务和社会管理，促进经济社会和文化健康发展、人与自然和生态和谐共荣的过程。从这个意义上说，规划的过程也是一个聚优发展的过程，要求在规划中立足实际、突出特色、优化配置，用科学的原则引导规划。

首先，立足实际，聚集优势。不同县市和地区有不同的国土空间、自然状况、生态环境、产业基础、人居状态、文化传统，科学规划的前提是立足实际生态环境和条件，尊重和顺应自然，扬长避短，突出特色，聚焦优势，科学发展。这一方面要求立足自身实际和特点，对城镇布局、产业结构、交通体系、公共服务以及社会管理等等进行科学定位，优化布局。根据国家和地区主体功能区的规划确定所在县市主体功能区及发展方向，必须尊重自然、顺应自然，根据不同国土空间的自然属性确定不同的开发内容。对于生态脆弱或生态功能重要的区域、国家农业主产区及耕地保护区，以及一些历史文化保护地区，禁止大规模高强度的工业化城镇化开发。另一方面，要按照建设资源节约型社会的要求，统筹城乡、聚焦优势、因势利导、集约发展。规划应引导人口相对集中流动、城镇空间集中集约利用、产业和经济相对集中布局，走空间和资源集约利用的发展道路。一些县市鼓励和支持"工业项目向园区集中"、"农田向适度规模经营集中"以及"农民向城镇和农村新型社区集中"，成效显著。这是一种集约资源、集约优势、聚优发展的现实可行方式，值得肯定和推广。

其次，差异发展，体现特色。因地制宜，发挥优势，是区域规划最基本的原则。由于各个县市、各地区在区位条件、自然环境、资源禀赋、产业历史、劳动技能、文化习俗诸方面存在明显的差异，因而形成了具有区域特点的人口布局、城镇分布、产业结构以及产品和技能特点。这些差异和特点是不同地区产业和劳动的地域分工的自然基础，并导致生产要素、需求水平和产品价格等的差异性，从而构成宏观经济和社会发展的地域分工的差异性和互补性，也成为各地区产业和劳动的竞争优势或劣势。只有充分发挥各地区的优势，扬长避短，才能最充分地利用区域条件，发展具有竞争优势的产业，生产具有竞争的经济产品、文化产品和生态产品，取得最佳经济效益。为此，在城乡发展规划的制订中，各县市要实事求是地根据经济、社会、资源、环境特点，立足区域的自然资源、环境容量和比较优势，关注他人的优势，科学分析，寻找差异，扶优壮强，突出特色，错位发展，这也有助于实现更大区域的合理分工、优势互补和协调发展。

再次，市场导向，要素互动。城乡规划是政府的一项基本职责，也是政府推动和调控经济社会发展的重要方式。也正因为如此，在城乡一体化规划中政府是责任的主体。不过，一些地方将城乡规划的政府责任混同于政府决定一切、包揽一切、支配一切，甚至是以少数领导人个人意志为主，长官意志盛行。这不仅导致规划脱离实际，规划因人而异，也使政府过度干预市场和社会，市场和社会缺乏自主成长和发展的空间，也制约城乡经济的发展。为此，必须进一步厘清政府与市场和社会的关系，把握"市长"与"市场"的边界。规划的制订，必须尊重自然规律、市场规律和社会规律，按照人口、资源、资金的流向以及资源环境承载能力、经济社会的承受能力，科学制订本地区发展规划。另一方面，在城乡规划的实施过程中，尤其是在城市发展空间布局、城乡人口社会管理、产业经济结构的调整等等方面，综合运用行政、财政、金融、法律等多种工具，充分发挥市场在资源配置中的基础作用。由此，在发挥规划的调整规范作用的同时，激发经济和社会内在的活力，促进城乡经济社会的科学发展。

最后，优化布局，扩展空间。规划的重点在于优化土地、人口、城镇、产业、交通以及服务等等的布局，实现资源的合理利用。为此，要按照生产发展、生活富裕、生态良好的要求调整空间结构。保证生活空间，扩大绿色生态空间，保持农业生产空间，适度压缩工矿建设空间。严格控制城市空间总面积的扩张，减少工矿建设空间。在城市建设空间中，主要扩大城市居住、公共设施和绿地等空间，严格控制并压缩工业空间。在工矿建设空间中，压缩并修复采掘业空间。坚持最严格的耕地保护制度。稳定农业耕地总面积，确保基本农田总量不减少、用途不改变、质量有提高。坚守基本农田和耕地保护"红线"，对耕地按限制开发要求进行管理，对基本农田按禁止开发要求进行管理。严格控制各类建设占用耕地。各类开发建设活动都要严格贯彻尽量不占或少占耕地的原则，确需占用耕地的，要在依法报批用地前，补充数量相等、质量相同的耕地。增加农村公共设施空间。按照农村人口向城市转移的规模和速度，逐步适度减少农村生活空间，将闲置的农村居民点等复垦整理成农业生产空间或绿色生态空间。适度扩大交通设施空间。重点扩大城市群内的轨道交通空间，对扩大公路建设空间要严格把关。调整城市空间的区域分布。适度扩大优化开发区域的城市建设空间，从严控制工矿建设空间和各类开发区扩大面积。扩大重点开发区域的城市建设空间，适度扩大先进制造业和服务业空间。严格控制限制开发区域城市建设空间和工矿建设空间，从严控制开发区总面积。通过合理和严格的规划，实现资源的优化配置，空间的合理利用。事实上，空间及规划本身也是一种资源，通过规划优化空间也是集约利用空间、合理开发空间，进而也创造更大的发展空间。

3. 精心设计，坚持用科学的方法制定规划。

科学的规划不仅要有科学的理念、思路和原则，也必须有科学的方法。科学的方法是科学规划的基础。

（1）高位推动、高端设计。城乡规划是一项重大而复杂的工作，不仅要求对区域经济社会发展方向、当前改革和发展的工作重点进行明确的规划，也涉及产业结构调整、城乡空间布局、土地规划利用，这是一个确定方向的过程，也是利益调整的过程，对不同地区的区域发展、部门利益以及各个群体的利益都有重大和长远的影响。正因如此，对于区域总体发展规划，必须强调高位推动、高端设计。一个县市和区的发展规划必须是"一把手工程"，由主要领导承担规划制订的总体组织、设计和协调任务，以把握规划的全局性、方向性和前瞻性，并能动员和组织相应的资源以支持规划的制订。从我们对鄂州、黄石、大冶和荆门等地的调查来看，各地城乡规划的成功经验之一是当地主要领导高度重视，强化组织领导，统一思想认识，形成发展共识。各地都成立了主要领导负责的区域城镇或城乡一体化规划领导小组，统一组织和领导规划制订工作。不仅如此，规划也是专业性、技术性很强的工作，各地在规划中也强调"专业的人做专业的事"，聘请国内专业规划设计院及相关专家，对规划进行编制。通过高位推动，顶层设计，从而得以总揽全局、把握方向，并对地区未来发展科学定位。

（2）摸清底数、把握区情。调查研究是城乡规划的前提和基础。没有扎实的调查研究工作，缺乏大量的第一手资料，就不可能正确把握区域发展条件、特点和优势，也不可能制定合乎实际、具有科学性的规划方案。为此，城乡规划中必须对本地区自然、社会、历史、文化的背景以及经济发展的状况和生态条件进行全面和深入的调查，摸清底数。一方面了解当前区域城乡发展中存在的主要矛盾和问题，同时，把握本区域发展的基础和条件，分析发展的优势和劣势，确定未来的发展方向和工作重点，以实现错位发展、协调发展、特色发展和集优发展的目标。从实践来看，城乡规划的调查工作一方面要求城乡规划工作者必须认真地勘查现场，对城乡的自然环境、生态条件、土地类型、产业布局、人口分布、城镇状况、交通体系以及历史文化、社会管理等等要有明确的认识；另一方面，对现有的城乡各部门的资料应收尽收，同时，应掌握本区域及整个国家发展的相关信息资料；对于一些缺失的资料信息，有的需要进行现场勘测或调查抽样获取。从而做到"心中有数"，规划有底。

（3）深入论证、科学评估。在全面收集资料的基础上，必须对现有资料进行系统的分析整理，去伪存真，同时，对所收集到的各类资料以及现场踏勘中了解的问题，进行深入讨论和分析，明晰发展的优势和劣势，从而提出解决这些问题的对策，确定未来的发展方向。从实践来看，各地通常通过召开多个层次的专家研讨会、专题研讨会和部门座谈会等形式，充分听取专家、领导、部门和广大群众意见，对一些重大问题进行研讨。这些研讨不仅包括对当前问题的认识、区域优势的分析、未来发展的定位，也要求对规划的可行性进行评估，尤其是规划中涉及利益调整的矛盾和后果进行认识分析，使规划不仅能聚焦优势、突出特色，具有前瞻性，也使规划在制订过程中凝聚共识、提升认识，具有可行性。

（4）全民参与、集思广益。城乡发展规划不仅关系一个地区经济社会的发展，也关系到每个居民的生存和发展，还涉及相关地区以及整个地域和全社会的发展。虽然强调规划的高位推动及"专业的人做专业的事",但是,规划不是少数专家的事,更不是少数部门和领导的事。城乡规划应当采取政府组织、部门合作、专家领衔、公众参与、科学决策的方式编制,并通过本行政区域的主要报刊、广播电视、网站等新闻媒体向社会公布。尤其是尽可能地动员、鼓励和支持全域居民的参与,听取其他地区、部门和政府的建议,集思广益,提升规划的科学性。同时,全民的参与,也有助于消除人们的疑虑,增进改革和发展的共识,统一人们的思想认识,为规划的实施奠定群众基础。

(5)依法依规、层层把关。城乡规划本身也是一种"规法",一方面要求严格地遵行国家现行《城乡规划法》和《湖北省城乡规划条例》,依法规划,同时,也要求根据各地实际,制订具体的工作规程,以保证规划的严谨性、科学性和法制性。如《湖北城乡规划条例》要求县级以上人民政府城乡规划主管部门负责本行政区域内的城乡规划管理工作,其他有关行政主管部门按照各自职责做好城乡规划管理的相关工作。市辖区、各类开发区(园区)不设城乡规划管理机构;确需设立的,可由上一级人民政府城乡规划主管部门设置派出机构,具体负责该区域的城乡规划管理工作。乡、镇应当明确相关机构或者人员,依法承担有关城乡规划管理工作;县级以上人民政府及其城乡规划主管部门应当予以指导和帮助。县级以上人民政府应当建立由相关管理人员、专家学者和公众代表组成的城乡规划委员会。城乡规划委员会受本级人民政府委托,就城乡规划的重大问题进行审议、审查,提出意见。市(县)人民政府在编制市(县)域城镇体系规划时,应当提出市(县)域村庄布局的指导意见。编制镇总体规划、乡规划应当同步制定镇、乡的村庄布局规划。城市人民政府负责组织编制城市总体规划。省会城市及国务院确定的城市的总体规划,由省人民政府审查同意后,报国务院审批。其他城市的总体规划,由城市人民政府报省人民政府审批。省人民政府根据需要确定的镇以及神农架林区人民政府驻地镇的总体规划,由所在地县级人民政府组织编制，报省人民政府审批。县人民政府所在地镇的总体规划由县人民政府组织编制，报上一级人民政府审批。其他镇的总体规划由县级人民政府城乡规划主管部门、镇人民政府共同组织编制，报县级人民政府审批。城镇体系规划、城市总体规划在报送审批前，应当先经本级人民代表大会常务委员会审议；镇总体规划、乡规划在报送审批前，应当先经镇、乡人民代表大会审议。常委会组成人员、代表的审议意见交由本级人民政府研究处理。乡规划、村庄规划由县级人民政府城乡规划主管部门、乡级人民政府共同组织编制，报县级人民政府审批。村庄规划报送审批前，应当经村民会议或者村民代表会议讨论同意。这些规定对规划的编制责任、审批流程等等都进行了具体的规定，也是科学规划的制度基础。

4. 永续发展，坚持用科学的标准评价规划。

城乡规划关系区域的发展、人民的福祉以及整个社会的未来。必须坚持用科学的标准评价规划，实现区域和社会永续发展的目标。

（1）总体规划应立意高远、总揽全局。城乡一体化总体发展规划，必须强调规划的全域性、全局性和前瞻性。好的城乡总体发展规划应是顾大局、重根本、管长远，尤其必须处理好当前发展与未来发展、局部利益与整体利益、部门利益与全局利益、经济发展与生态保护、经济效益与生态效益、生产发展与生活质量、硬件建设与软件建设等等的关系。切实按照人口资源环境相均衡、经济社会生态效益相统一的原则，将经济建设、政治建设、文化建设、社会建设和生态建设各方面统一起来，立足于提高区域可持续发展能力，实现区域和社会的永续发展，建设山更绿、天更蓝、水更洁、气更清、民更富、人更乐的富丽湖北。

（2）专项规划应突出重点、相互衔接。在制订城乡发展的总体规划的同时，各地都需要制订城镇空间布局、土地利益规划、产业发展规划以及交通、通信、文化等发展的专项规划。这些规划在地域上应覆盖全域，同时，也要突出重点，对具体专项内容深化、细化、具体化和可操作化。在各类专项规划制订中，尤其要注意的是应消除部门利益，避免关门立规，要实现专项规划之间的协调和衔接。唯有相互衔接，才能相互支持，也才具有科学性和可操作性。

（3）区域规划应统筹城乡、协调发展。在城乡统筹发展中，首先要统筹城乡基础设施建设，按照统一规划、同步推进的要求，加快城市基础设施向农村延伸的进程，夯实农村可持续发展基础；其次，要统筹城镇体系和乡村居民点的布局，形成以特大城市、大城市、中等城市到小城镇、中心镇、中心村、中心社区和村落居民点的城乡人居体系，引导城乡人口合理流动，优化城乡人居空间；第三，统筹工业和农业，实现城镇化、工业化、信息化和农业现代化的协调互动发展；最后，至关重要的是，在城乡统筹中，要统筹城乡基本公共服务，促进城乡基本公共服务均等化的发展。从目前来看，长期的二元化体制造成城乡基本公共服务资源占有不均、服务水平不等和权益保障失衡。地区之间尤其是城乡之间基本公共服务的非均衡性或非均等性相当突出，一些基本公共服务的差距仍在扩大。为此，要首先实现基本公共服务的广覆盖，将基本公共服务覆盖全体民众，以实现人人享有基本公共服务的目标。不过，建立覆盖全体民众的基本公共服务体制并不表明人人"平等地"享有基本公共服务，它仅仅表明农村居民也能享有相关的服务，但城乡居民所享有的基本公共服务在水平和质量仍存在差别。这些差别也是现行城乡体制和政策造成的，为此，要进一步深化改革，实现教育、医疗、卫生和社保等基本公共服务制度的可持续和一体化，最后在此基础上，逐步加大对农村的投入，提升农村基本公共服务的水平，缩小城乡差距，实现城乡基本公共服务的均等化，达到基本公共服务的制度同一、标准同一的要求。

（4）设施规划应合理完善、便捷公平。公共设施是为人们生产生活提供的基础设施、公共场所及服务设施，也是人们生产和生活的基础。在当前实践中，不少地方公共设施建设规划不合理，建设不经济，使用不公平。尤其是一些地方大量的公共设施建设集中在城镇中心以及少数试点地区，城镇如花似锦，乡村衰败凋敝；有的强调"大手笔"、"大投入"，贪大求洋，浪费资源，成本高，建设和使用不经济。为此,在城乡规划中,首先必须对公共设施合理布局,强调城乡居民公共服务设施建设的可及性和便捷性,让人们可以便利地使用到相应的公共设施;其次,必须强调公共设施建设和使用的效用性和经济性,降低公共设施建设和使用成本,提高公共设施的建设和使用绩效;最后,必须强调公共设施的公平性和公正性。公共设施是公共财政投入建设,人们平等使用公共设施,享有基本公共服务,是人们的基本需求,也是人们的基本权利。因此,公共设施建设的投入和布局要力求科学合理,让城乡居民平等分享。对于现实生活中难以直接公平和有效使用公共设施的人群,应给予相应的补偿,以实现公平公正。

(5) 规划制订应严格程序、依法依规。严格的规划是质量的重要保障。在城乡规划制订、修改以及实施过程中,要严格规程。一方面依据国家和地方城乡规划法或条例,按相应的责任、权限和流程,制订相关规划,同时,要严格遵行各项建设的专项标准。在目前,我国有关部门已经就交通、电力、电信、道路、水利、城镇等等建设及工程制订了相应的标准,也有环境生态评价的标准和规范。城乡规划必须严格遵守相关法律标准、政策标准、行业标准和技术标准。这也是判断城乡规划科学性的基础性指标。

5. 完善制度,坚持用科学的体制监管规划。

科学的规划及严格的执行,必须有健全的体制机制作保障。在城乡发展规划的制订和实施中,必须改进和完善体制机制,坚持用科学的体制监管规划。

首先,提升规划的责任主体,强化规划的上位监控。现行国家《城乡规划法》和《湖北省城乡规划条例》对城乡规划制订的责任主体已经进行了明确的规定。不过,虽然《湖北省规划条例》规定"省人民政府城乡规划主管部门负责全省的城乡规划管理工作",但同时强调"县级以上人民政府城乡规划主管部门负责本行政区域内的城乡规划管理工作,其他有关行政主管部门按照各自职责做好城乡规划管理的相关工作。""乡、镇应当明确相关机构或者人员,依法承担有关城乡规划管理工作；县级以上人民政府及其城乡规划主管部门应当予以指导和帮助。"由此，县市和乡镇的规划及管理的责任主体实际上是各级政府和规划主管部门，上级政府的责任仅仅是"指导"，"规划管理"也流于形式。为此，应进一步完善规划的责任主体，加强上级对下位规划的指导、调控和管理能力。尤其是目前乡镇自身的财力、人力和技术的不足，事实上难以独立制订科学规划。可明确规定乡镇村的规划由县市来做，地市级审批，县级人大和乡镇人大双重审批。县市区的规划由地级市政府与县市政府共同制订，地级市和县级人大双重审批，最后省政府和规划主管部门管理和监督。

其次，强化人大的规划权力，提升规划的法律地位。国家《城乡规划法》及《湖北省城乡规划条件》对城乡规划的编制程序进行了规定，要求"城镇体系规划、城市总体规划在报送审批前，应当先经本级人民代表大会常务委员会审议；镇总体规划、乡规划在报送审批前，应当先经镇、乡人民代表大会审议。常委会组成人员、代表的审议意见交由本级人民政府研究处理"，"乡规划、村庄规划由县级人民政府城乡规划主管部门、乡级人民政府共同组织编制，报县级人民政府审批。村庄规划报送审批前，应当经村民会议或者村民代表会议讨论同意。"从这些规定可以看出，除了村庄规划必须由村民会议或者村民代表会议"讨论同意"外，其他县市规划主要由同级政府及规划主管部门制订，同级人民代表大会仅仅是"审议"，缺乏审批权。为此，应进一步明确规定省市和县人民代表大会对政府所制订规划的审批权。同时，乡镇规划提升到县市统一制订，乡镇政府协助，县市人大及乡镇人民代表大会双重审批。县市规划由地级市政府与县市政府共同制订，两级人民代表大会双重审批。在人大机构双重审批过程中，对于重大分歧和争议，可成立联合委员会进行讨论，协商处理，最后由两级人民代表组织审批。由此，充分维护和发挥各级人民代表大会对重大事项的决策权，同时，构建两重审议及协商机制，保障规划的上下衔接，并强化监督。

第三，严格规划编修的规程，强化规划的法律权威。在规划的制订和修改中，必须坚持法定程序，依法制订。规划一经确定，必须严格执行，任何人都不能随便更改。对于宏观政策及客观环境重大改变需要对规划进行修订或调整的，也必须严格依法依规，由规划管理部门上报，并经原有的规划审议机构集体讨论。

第四，加强主管部门的责任，实现规划集中统一管理。依据法律，县级以上人民政府应当建立健全城乡规划督察制度，加强对城乡规划编制、审批、实施、修改情况的监督检查，及时查处违法建设行为。在城乡规划的具体管理和监督中，要充分发挥政府规划主管部门的日常管理和监督职能。现有的规划必须坚持集中统一管理，实行垂直指导。一级政府只能有一个规划管理部门，"规划一张图，审批一支笔"，规划权不得层层下放。加强规划审批后的跟踪管理力度，加大规划主管部门的规划执法权。对于违反规划擅自超越规划进行建设的单体建筑和破坏规划整体布局的行为要及时严肃查处。建立以控制性详细规划为主要内容的规划管理机制，严格实施用地红线、水体蓝线、绿地绿线、历史文化保护紫线、市政公用设施黄线、公共服务设施橙线等"六线"管理制度，做好"六线"规划和控制性详细规划的编制工作。各级人民政府应当建立完善考核评价制度，对下级人民政府实施城乡规划、控制违法建设情况，定期开展考核评价。

第五，完善信息反馈机制，强化社会参与监督。城乡规划具有公共性，必须强化规划的公众参与和社会监督。重大发展规划除依法保密之外，都应向社会公开，让居民知情。鼓励和支持公众对城乡规划及实施的不当和不法行为进行监督。各级人民政府及有关部门应当建立规划监督、行政执法、行政监察的协调、联动机制和查处违法建设的信息共享机制，建立和完善城乡监督、沟通和意见反馈的机制，及时纠正规划实施过程中的偏差，维护规划的严肃性。

第六，利用现代信息技术，提高规划监控水平。在现代信息时代，大量的信息科学技术已经普遍应用于规划制订、规划管理和规划监控之中。当前，我们应鼓励开展城乡规划科学技术研究，推广和应用先进技术、先进理念，推进城乡规划科学化、标准化、信息化。必须进一步提升规划部门的装备水平，充分利用现代信息技术，对现有规划内容尤其是"绿线、紫线、蓝线、黄线"进行严格监控。应当建立规划管理信息系统，促进各有关行政管理部门之间的信息共享，保障城乡规划的科学制定、有效实施。

总之，当前我们已经进入城乡一体化加速发展的新时期、新阶段，必须切实坚持规划先行，进一步强化城乡规划的统一性、民主性、科学性、前瞻性、可行性、权威性和责任性，促进城乡人口、资金、技术、资源、信息全要素的有序流动、城乡产业的互补互强、城乡社会的深度融合，人与自然生态和谐共荣，为湖北城乡聚优发展和永续发展提供支持。

（撰稿人：蒋大国、项继权、袁方成）

专题二

湖北城乡发展一体化城镇基础设施建设调研报告

城乡基础设施是城乡之间经济、社会、生态等各项联系的基础，是城乡之间各类经济要素流动的纽带，是实现城乡一体化的前提和保障。城乡基础设施建设对城乡一体化发展具有直接的推动作用。从一般意义上讲，基础设施可以界定为以保证社会经济活动、改善生存环境、克服自然障碍，并由此实现资源共享为基本目的而建立起来的公共服务设施，它既包括诸如交通运输、邮电通讯和能源等在内的经济性基础设施，也涵盖如教育、科技、卫生等在内的社会性基础设施。城乡一体化则是在我国现代化和城市化发展到一定阶段后的产物，其基本目的是：通过社会生产力的发展，以此促进城市与乡村居民在生产、生活与居住等方式上的改变，促进城乡之间在技术、资本以及其他经济与社会资源等基本要素上的共享，逐步达到城乡之间在经济、社会、文化以及生活方式上的同步与协调发展，为逐步解决城乡矛盾和缓解城乡差距找到更好的解决办法。城乡内部与城乡之间各种基础设施的建设与完善，是城乡一体化发展的重要条件，基础设施作为区域经济与社会可持续发展的基础和保障，为城乡一体化发展过程中的生产要素的合理配置与流动、经济与信息资源交流、物资流通与市场畅通等诸多方面，提供了必不可少的基础条件，从某种程度上说，城乡基础设施的建设与完善程度，决定着城乡一体化发展的水平与深度。

在湖北省，自2008年首次以鄂州市为代表开展城乡一体化试点实验以来，全省在城乡一体化、统筹城乡发展方面取得了可喜成绩，许多地方的城乡一体化工作稳步推进，农民的生产与生活方式逐步改变，农村生活环境也得到一定程度的改善。但是，其中不能忽视的问题是，城乡基础设施一体化一直是制约城乡一体化顺利推进的薄弱环节。长期以来，由于城乡发展差距，城乡分割的二元发展模式，使得农村问题日益突出，而其中农村基础设施发展滞后最为严重，这一发展现实直接影响着农民的生存和发展条件，更是加剧了城乡差距的极化趋势。城乡基础设施投资不足与投资渠道单一所形成的投资困境，一定程度上影响着全省城乡一体化建设的发展。

为进一步深入了解全省农村基础设施建设情况，充分掌握地方政府与广大农村居民对城乡一体化的认知程度，以及当前我省农村城乡基础设施建设的需求与供给状况，从2013年3月开始，湖北经济与社会发展研究院先后到湖北省通城县、云梦县、鄂州市、竹山县、京山县、来凤县、黄石市、南漳县、英山县和洪湖市等地开展问卷调查，发放问卷2000余份，借助问卷调查和实地访谈形式，对包括城乡基础设施在内的全省城乡一体化发展情况进行了比较深入的实地调研。就城乡基础设施建设而言，本次调研发现，城乡基础设施一体化的主要障碍在于农村，其根本原因在于农村基础设施投资不足，基础设施建设所需的资金紧缺，因此，为进一步推进全省城乡一体化建设的发展，必须要在目前试点地区的基础上，真正落实和解决城乡尤其是农村地区基础设施建设的资金难题。为此，依照中共中央十八届三中全会通过的《关于全面深化改革若干重大问题的决定》精神和随之召开的中央城镇化会议的战略部署，需要各级政府通过高效可行的投融资体制建设，搭建互利双赢投融资平台，有效地引导资金流向农村基础设施建设领域，从而合理配置城乡一体化建设的资源，实现城乡协调发展和社会公平。

一 湖北省城乡发展一体化基础设施建设与投融资现状分析

(一)"六位一体"基础设施建设的基本现状

近年来,随着新农村建设和城乡一体化建设的推进,湖北全省农村基础设施建设得到稳步发展,包括交通、水利、能源、信息、环保以及市场等在内的"六位一体"农村基础设施建设有了长足进步。

1. 交通设施。

根据本次调查结果显示,基于"交通先行、服务全局"理念,我省积极推进城乡交通一体化基础设施建设,成果显著,有效地打通了统筹城乡经济社会发展的"经脉"。表现在两个方面:一、交通固定资产投资规模连创新高。"十一五"期间,全省交通固定资产投资突破1900亿元,是"十五"期间的近2.5倍。2011年作为"十二五"的开局之年,投资规模再突破大关,全省公路水路交通固定资产投资达到558亿元,同比增长10.94%。而2012年,是自全球经济危机爆发以来,交通基础设施建设极为困难的一年,但全省交通固定资产投资仍然实现同比增长12%,达到628亿元。其中,公路建设完成投资533亿元,港航建设完成投资63亿元,站场建设完成投资32亿元。二、公路网络化水平明显提升。如表1所示,我省公路建设里程数逐年提高,交通运输条件不断改善。截止到2011年底,全省高速公路通车总里程达到4007公里,基本形成了"四纵四横一环"高速公路骨架网,辐射范围涵盖全省90%的县市区、96%左右的人口和98%左右的经济总量,路网结构明显改善,有效提升了湖北作为中部地区综合交通枢纽的地位。

表1 湖北省公路通车里程统计(2002—2011年) (单位:km)

年度	按技术等级分						按行政等级分				
	高速	一级	二级	三级	四级	等外公路	国道	省道	县道	乡道	专用公路	村道
02	943	822	11105	10104	44316	18808	4538	9330	15855	54801	1574	—

续表

年度	按技术等级分						按行政等级分					
	高速	一级	二级	三级	四级	等外公路	国道	省道	县道	乡道	专用公路	村道
03	1074	876	12268	10620	45076	17899	4502	10720	15145	55868	1578	—
04	1352	973	14201	10891	45340	16916	4469	11060	15582	56984	1578	—
06	1747	1278	15560	11893	105349	45964	4477	11545	17321	52053	1564	94831
07	2365	1371	15732	11875	115809	36628	4477	12147	17459	51989	1476	96232
08	2719	1566	16043	11788	121550	34701	5885	11030	17503	51991	1460	100497
09	3283	1725	16261	11870	135695	28362	6116	11374	20050	54264	789	104603
10	3674	2210	16159	12144	153625	—	6538	11303	20026	58602	810	109112
11	4007	2395	16852	—								194479

资料来源：根据湖北省交通厅、湖北省统计局《湖北统计年鉴2012》相关数据整理所得。

但同时，在对"村里公路建设情况"的调查问题中，有1636份问卷做了回答，其中，有33.6%的人选择"不完善，有些地方仍需建成水泥路"，有30.2%的人选择"有点窄，不是很方便"，另有36.1%的人选择"还可以，基本能满足需求"。由此看来，当前全省农村公路建设的总体状况还有待于进一步改善。

2. 水利设施

近年来，我省认真贯彻中央关于加快水利改革发展的决定，把水利作为城乡基础设施建设的优先领域，全面加快水利基础设施建设，有效地推动了城乡统筹发展。

如图1所示，2007年以来，我省水利设施建设投资呈阶梯状增长，2008至2012年五年总投资规模突破700亿元大关，达到711.8亿元，位居全国第一，水利设施建设取得历史性突破。具体表现在以下两个方面：

一、农田水利建设长足发展，排涝灌溉功能逐渐提高。2011年以来，我省对农业基础设施的资金投入、工程总量、机械台班三项指

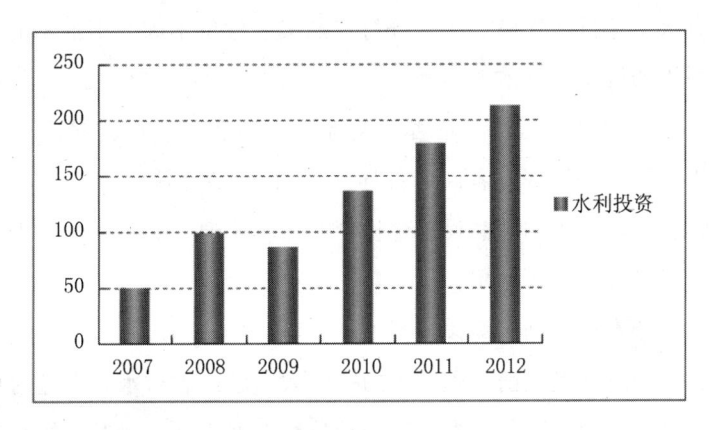

图1 湖北省水利投资情况统计（2007—2012年）单位：亿元

资料来源：根据湖北省水利厅相关数据整理得出

标均创历史纪录，工程效益在全国名列前茅。2011至2012年的时间里，整治小型水源工程27.3万处，清淤沟渠7760公里，新修防渗渠道10337公里，新增、改善除涝面积600万亩，新增蓄水能力30亿立方米，新增、恢复改善灌溉面积800万亩，极大改善了农业生产和农村基础设施，为农业强省目标的实现奠定了坚实基础。

二、农村安全饮水建设全面提速，惠及群众人数逐年增多。"十一五"期间，我省实际共解决1652.9万人的饮水安全问题，超出原计划人数31.46万人。如表2所示，此五年间，平均每年解决农村饮水安全人口在300万人以上，均超过当年的目标任务。农村饮水安全普及率达71.5%，城乡一体化供水和集中供水能力显著加强。

表2 "十一五"期间湖北省农村饮水安全工程实施情况 （单位：万人）

时间	2006	2007	2008	2009	2010
计划人数	72.1	300	300	424.92	524.42
实际完成人数	72.1	309.7	312	430	529.1

资料来源：根据湖北省水利厅相关数据整理得出。

在本次问卷调查涉及到的农村水利设施建设问题中，绝大多数人回答了本村都建有相关水利设施，不同的村都建有不同容量的水库，或建有水渠等排灌设施，大部分村都购买了数量不等的用于农田灌溉的小型机器设备。在农村水利设施建设的年代上也有差异（参见表3）；在有关农村水利设施是否定期维护问题和水利设施对农业生产的作用问题上，被调查者回答各异（参见表4）。从以上三个问卷调查结果看，农村水利灌溉设施建设相对比较普遍，对保证农业生产的顺利进行发挥了重要作用，但也存在需要引起高度重视的问题。尤其是，大部分农村水利灌溉设施是在2000年之前建成的，年久失修和维修资金的短缺是当前必须解决的一个大问题。农村水利设施的相对陈旧和过度使用，不仅对农业生产的持续发展不利，也对农村生产与农民生活安全造成无法预期的隐患。

表3　　　　如果您村有水利设施，是何时建立的？

		频率	百分比	有效百分比	累积百分比
有效	60年代之前	208	9.8	14.2	14.2
	60—80年代	308	14.6	21.0	35.2
	80年代—2000年	265	12.5	18.1	53.3
	2000年以后	279	13.2	19.0	72.4
	不清楚	402	19.0	27.4	99.8
缺失	系统	647	30.6		
	合计	2112	100.0		

表4　　　　目前当地的水利设施对农业的作用如何？

		频率	百分比	有效百分比	累积百分比
有效	很先进，对农业生产作用很大	169	8.0	11.6	11.6
	基本能满足生产需要	935	44.3	64.3	75.9
	很落后，基本没有起作用	198	9.4	13.6	89.5
	无水利设施	151	7.1	10.4	99.9
	合计	1455	68.9	100.0	
缺失	系统	657	31.1		
	合计	2112	100.0		

3. 能源设施。

我省一直致力于能源基础设施建设，力求构建安全、稳定、经济、清洁的能源供给体系，为全省经济社会的发展提供强有力保障。"十一五"时期，我省能源建设成就显著，是改革开放以来湖北能源发展最快的五年。

一、电力装机大幅增加，电力生产能力提升。全省相继投产建成了一批大型火电、大型水电、大型电源点、热电联产等项目，截止到2010年底，全省电力装机规模达到4907万千瓦，装机总量居于全国第七，累计增长79%，进一步增强了我省电力供应保障能力。

二、电网升级改造建设加快，输配能力加强。湖北电网是三峡外送的起点、西电东送的通道、南北互供的枢纽、全国联网的中心。五年来，我省累计完成投资615亿元，不断完善城乡配电网络，鄂西和鄂西北水电外送通道全部打通，省内500千伏中部环网框架全面建成，供电质量和服务水平明显提高。我省是农业大省，全省用电户中，农村用户占比83%以上。2010年至2012年，我省投资120亿元，对农村电网进行新一轮的大规模改造升级，初步建立新型农村电网格局，农网供电可靠率、综合电压合格率分别达到99.709%、97.512%，基本消除了当前困扰农村用电的低电压和电网"卡脖子"等现象。

三、能源结构逐步优化，节能环保成效显著。风电、秸秆发电、垃圾发电、光伏发电等一大批新能源项目不断建成投产，大型燃煤热电联产机组替代小燃煤机组，能源利用水平大幅提升，至2010年，全省万元生产总值的能耗降低到1.21吨标准煤，比2005年的1.51吨标准煤下降了近20%。清洁燃料天然气基础设施建设蓬勃开展，并得到大力推广与普及，在县级以上城市的覆盖率已达到68%，其中，通山县等6县（市）被授予"国家首批绿色能源示范县"称号，生态环境和生活条件都得到了有效改善。

在本次问卷调查中，涉及到农村用电情况的主要有三大问题，即农村电费标准、农户用电量及农户供电保障情况。在电费标准和农户用电量方面，由于逐步实行同电同价，农村电费标准并不高，加上农户用电量一般并不大，因此农村用户普遍都能承受相关的费用支出。

表5　　　　　　　　　您村的民用供电保障情况是

		频率	百分比	有效百分比	累积百分比
	从不停电或极少停电	669	31.7	41.1	41.3
	有时停电，不频繁	775	36.7	47.6	88.9
	经常停电，停电有通知	56	2.7	3.4	92.3
	经常停电，也不通知	44	2.1	2.7	95.0
	电压常常不稳	81	3.8	5.0	100.0
	合计	1629	77.1	100.0	
缺失	系统	483	22.9		
	合计	2112	100.0		

在农村用电供电保障情况方面，问卷调查结果显示农村用户的满意度较高。根据表5的统计结果，有669人认为农村从不停电或极少停电，有775人认为只是偶尔停电，而反映停电频繁和电压不稳等情况的用户占总问卷回答数的人数比较低。这一结果表明，在经过多年建设后的农村电力化基础设施相对完备，基本能满足农村居民的日常生活用电需求。

4. 农村环保基础设施。

围绕新农村建设，湖北农村环保设施建设得到进一步发展，农村生活环境和生态环境得到有效改善。

一是增强环保意识，从整体上重视环保基础设施建设，加入资金投入，改善农村生产生活环境。据统计，2008年及2009年，国家向仙洪试验区等投入4000万元，为促进环保产业发展，湖北省以点带面，通过重点支持建设推动全省农村环保产业的整体与全面发展，同时，将环保产业建设与农产品质量联系起来，促进绿色农业发展，并通过"以奖代补"和"以奖促治"等措施，解决全省农村环境保护中的突出难题与问题。另外，广大农村地区村镇环保基础设施与管理体制建设，是村镇环境保护与生产生活环境得以改善的基本保障。

二、大力发展农村清洁能源。截至 2012 年底，湖北省农村的清洁能源普及率将近四成，生态效益巨大，相当于每年减排二氧化碳等温室气体 500 多万吨，经过多年的努力，湖北全省已经发展起"猪——沼——菜"或"猪——沼——渔"等循环农业 800 多万亩，不仅降低了农民的生产与生活成本，而且对农产品品质提高与农民收入的增长具有重要作用。

表 6　　　　　　　您家中是否在建设和使用沼气？

		频率	百分比	有效百分比	累积百分比
有效	已经建有，在使用	461	21.8	29.9	29.9
	没有，准备建设	327	15.5	21.2	51.0
	没有，没有建设计划	751	35.6	48.6	99.7
	合计	1544	73.1	100.0	
缺失	系统	568	26.9		
合计		2112	100.0		

表 7　　　　　　　您村是如何处理日常生活垃圾的？

		频率	百分比	有效百分比	累积百分比
有效	没有固定地方，随处乱扔	328	15.5	20.4	20.4
	有固定处理垃圾的集中地点	1074	50.9	66.7	87.1
	深埋、焚烧	81	3.8	5.0	92.1
	堆积、分类处理	49	2.3	3.0	95.1
	其他	78	3.7	4.8	99.9
	合计	1611	76.3	100.0	
缺失	系统	501	23.7		
合计		2112	100.0		

在农村环保及相关基础设施建设方面，本次问卷调查重点关注农村清洁能源使用和农村垃圾处理问题。在清洁能源利用方面，调查显

示，绝大多数农户日常生活所用的燃料为电、煤气和沼气等，使用传统的木柴等做燃料的农户极少，这主要是因为电、煤气和沼气相对方便，而且供给有一定保障，如在沼气建设和使用方面，根据表6的问卷调查，有一半的人回答本村已经建成并在使用，或准备建设，也有近50%人回答没有建设，甚至没有建设计划。这一状况说明，固然其中可能有部分人在使用电和煤气做燃料而没有选择沼气，同时也从另一方面表明，为进一步在广大农村地区推广清洁能源的使用，加强节能环保的沼气设施建设大有必要。在农村垃圾处理问题上，调查结果显示，有1074人回答本村有固定处理垃圾的集中地点，有少部分农户采取深埋、焚烧及分类堆放方式处理垃圾，仅有近20%的人回答是采取随处乱扔方式处理（参见表7）。

5. 信息网络设施。

多年来，我省通讯业务发展迅速，对城市与农村通信基础设施改善发挥了重要作用，为城乡信息沟通与信息传输提供了重要平台。

表8   2013年3月湖北通信业发展情况统计

指标名称	累计达到
电信业务总量	41.15亿元
电信业务收入	35.19亿元
固定电话用户	1003.4万户
移动电话用户	4502.5万户
宽带接入用户	753.0万户

（资料来源：http://www.eca.gov.cn）

随城镇通信设施建设的发展，广大农村地区通信设施建设稳步推进。继2006年全省实现行政村"村村通电话工程"之后，2007年村通工程向自然村延伸，2007年全省完成120个20户以上自然村通电话，全省自然村通率即达到98%。2007年，全省有73.7%的行政村开通互联网，50.4%的行政村开通宽带上网。互联网业务在农村地区得到发展，适合农村用户消费特点的资费套餐也不断增多，"1234兴农计划"、

"农信通"、"农业新时空"等服务于农村经济文化生活的通讯业务受到农民欢迎，农村信息化水平明显提高。到 2009 年，全省电信业累计完成通信建设投资 125.6 亿元，同比增长 20.19%，全年共完成 678 个自然村通电话的任务，通信服务能力与质量得到明显改善。

强化城乡信息网络基础设施建设，提高农村信息化服务水平，是衡量城乡公共基础服务均等化的重要依据之一。在当前湖北省农村地区，随着城乡一体化的推进，农村信息化服务水平有了不同程度的改善，有力地促进了城乡之间信息共享和服务的均等化。在鄂州市，全市借助城乡一体化建设契机，充分利用现有网络资源，在横向层面上，依托鄂州市电子政务网，有效整合公安、房产、规划、就业、计生、医疗、教育等部门网络资源，已基本建立起全市统一的电子政务数据交换平台；在纵向层面上，将整个鄂州市社会管理综合信息系统向区、乡镇街、社区（村）延伸，建立城乡一体、联通共享的全市统一的社会管理综合信息体系，实现了部门信息系统和社会管理综合信息系统对接融合。此外，在推动网络资源横向联动与纵向贯通对接融合的同时，鄂州市还借助信息技术，把过去各自为政的管理服务资源整合到网格化管理体系中来，推进公共服务下沉，形成统筹协调、互动融合的网格化管理服务体系，将上面"千条线"打造成基层"一张网"，实现在网上为群众办理党群事务、劳动保障、民政残联、科技信息、咨询代理等公共服务，极大方便了广大农村居民的日常生活需求①。

在信息网络基础设施方面，由于电话、电视机及手机的普及率在当前农村地区相对较高，因此本次问卷调查集中关注了与农村信息化建设密切相关的问题。调查结果显示，有关农村有线电视的安装及质量方面，也有很大进展，在所调查地区中，有 80% 的人认为较好或一般，仅有不到 20% 的人认为有线电视效果差或根本没有安装（参见表 9）；在互联网设施建设方面，有近 70% 的人回答本村有接入互

---

① 《我市实现网格信息化全覆盖》，http://www.ezhou.gov.cn（2013—10—26）。

联网设施，只有近30%的人反映没有接入（参见表10）。

表9　　　　　　　　您村有线电视收视质量如何？

		频率	百分比	有效百分比	累积百分比
有效	较好	707	33.5	43.1	43.1
	一般	714	33.8	43.5	86.6
	差	71	3.4	4.3	90.9
	没安装	148	7.0	9.0	99.9
	合计	1641	77.7	100.0	
缺失	系统	471	22.3		
合计		2112	100.0		

表10　　　　　　　　您村有宽带网络接入吗？

		频率	百分比	有效百分比	累积百分比
有效	有	1104	52.3	68.8	68.8
	没有	495	23.4	30.8	99.6
	合计	1605	76.0	100.0	
缺失	系统	507	24.0		
合计		2112	100.0		

6. 市场基础设施

启动农村市场与推动农村消费是扩大内需的重要举措，如何解决广大农村消费市场与城市消费市场的对接、促进农产品的流通是农村市场建设的重要内容。为配合全省新农村建设，湖北省加大农村市场基础设施建设。一是建设农村农用品物资供应点。农村化肥、农药、水泥等农用工业品的消费量大，为满足农村消费，通过相关网点建设，让农民能够就近且方便地购买到优质的农用产品，减少农民的生产与生活成本。二是通过建设农村超市，方便农民就地消费。针对农村日用品消费量大的特点，各地方政府加大农村超市建设，配合农民集中居住特点，在农村集中居住点建设农村超市，方便农民。三是完善农村信息市场，方便农产品的生产、运输与最终消费。农产品流通是当前影响农民生产积极性的一个重要因素，为此，湖北省加大农村信息市场建设力度，通过互联网建设、农村农产品的集中收购与运输，为解决农民生产的后顾之忧提供便利。

（二）基础设施投融资的基本现状

实践表明，城乡一体化基础设施网络体系建设的关键是融资与投资建设，如何通过多方渠道解决好基础设施建设的融资问题，直接关系到城乡基础设施建设的总体水平与规模。从投融资角度看，当前农村基础设施的投资建设总体上有了一定发展。

1. 城乡基础设施投资额总体呈上升趋势。

2012年，全省基础设施建设完成投资3656.09亿元，增长11.9%，比2011年提高6.0个百分点，占全省投资的比重为22.8%，其中：水利管理业完成投资232.40亿元，增长19.3%；电力完成投资318.57亿元，下降9.3%；交通运输业、仓储和邮政业完成投资1302.75亿元，增长13.0%，其中：城市交通运输业完成投资156.42亿元，增长9.3%；电信完成投资40.03亿元，下降43.2%；教育完成投资188.95亿元，增长23.1%，其中：学前教育完成投资1.82亿元，增长169.8%；卫生和社会工作完成投资154.29亿元，增长20.0%，其中：医院完成投资88.73亿元，增长12.5%；文化、体育和娱乐业完成投资175.68亿元，增长46.7%；城市基础设施完成投资1243.41亿元，增长13.5%。[①]

表11　　　　　　　全省部分行业的基本建设投资表

行业	2005	2006	2007	2008	2009	2010	2011
农、林、牧、渔业	44.53	47.23	77.02	129.84	186.97	235.62	259.05

---

① 上述数据来自《2012年湖北省固定资产投资完成情况分析》，http://www.askci.com（2013—02—18）。

续表

行业	2005	2006	2007	2008	2009	2010	2011
文教体用品制造业	0.43	1.0035	2.58	4.80	3.45	7.04	6.96
电、气及水的生产供应	252.27	316.72	306.77	312.72	420.19	365.70	359.03
交通运输业	2302.23	2370.96	2393.38	2455.3	2619.61	2618.36	2636.05
科技服务地质勘查业	12.01	16.56	17.08	29.65	37.89	35.14	31.41
水利环境设施管理业	187.09	235.80	386.67	473.63	797.56	950.69	1019.44
卫生、社保和社会福利	14.31	18.42	23.89	33.67	61.19	69.40	105.05
公共管理和社会组织	60.3	94.80	110.98	193.01	273.17	412.25	449.69

数据来源：湖北省2012年统计年鉴

另外，从2005年到2011年，各个行业的基本建设投资都有较大幅度的上涨，尤其是农、林、牧、渔行业，水利、环境和公共设施管理行业以及公共管理和卫生组织这三个行业的基本建设投资增长最为明显。尤其是从2008年开始，所列各行业的基本建设投资都有大幅度增加，这与湖北省2008年开始城乡发展一体化的试点工作有很大的关联性。（具体数值参见表11和图2）

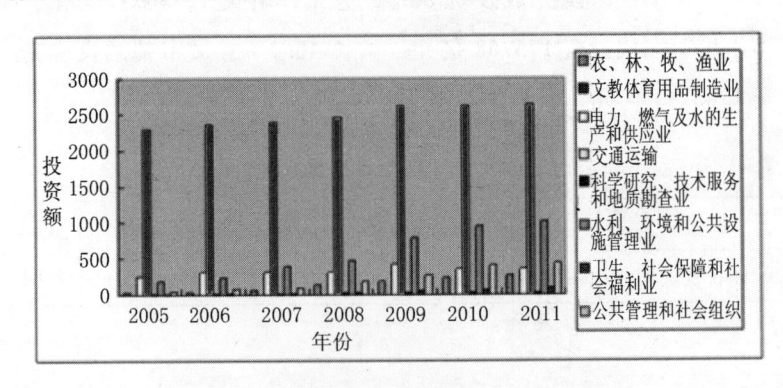

图2 全省部分行业的基本建设柱状分布图

2. 行业间基本建设投资的差距较大。

农村基础设施建设涉及行业多，虽然总体上在各行业方面的投资有所增长，但仍然存在行业投资差距。从表11和图3可以看到，自2005年以来，全省投资最多的一直都是交通运输行业，投资均在2000亿元以上。另外，基本建设投资的绝对额较多的是水利、环境和公共设施行业，2011年即增长到了1000亿元以上，表明湖北省在公共事业基本建设投资方面具有明显的倾向性。

3. 融资渠道单一，资金来源有限。

表12　　　　　　按资金来源和构成分全省固定资产投资

	按资金来源分					按构成分		
	政府预算资金	国内贷款	利用外资	自筹资金	其他资金	建筑安装工程	设备工器具	其他费用
2005	255.8	474.2	71.3	1492.7	540.8	1696.8	642.9	495.1
2006	378.8	708.4	79.3	1902.7	503.5	2252.7	717.1	602.9
2007	473.0	790.9	88.4	2470.3	711.7	2857.3	896.4	780.5
2008	570.1	894.6	57.0	3677.0	599.8	3569.0	1245.7	983.9
2009	711.9	1432.9	68.3	4956.9	1041.8	5025.6	1753.3	1432.9
2010	868.5	1768.8	147.0	6703.6	1314.8	6701.9	2308.7	1792.1
2011	663.1	1707.5	189.3	8800.6	1574.5	8056.5	2812.9	2065.6
构成比例（%）								
2005	9.0	16.7	2.5	52.7	19.1	59.9	22.7	17.4
2006	10.6	19.8	2.2	53.3	14.1	63.1	20.1	16.8
2007	10.4	17.4	1.9	54.5	15.7	63.0	19.8	17.2
2008	9.8	15.4	1.0	63.4	10.4	61.5	21.5	17.0
2009	8.7	17.4	0.8	60.4	12.7	61.2	21.4	17.4
2010	8.1	16.4	1.4	62.1	12.0	62.0	21.4	16.6
2011	5.1	13.2	1.5	68.0	12.2	62.3	21.7	16.0

数据来源：湖北省2012年统计年鉴

另外，从上述图表还可以看到，"其他资金来源"虽然从2009年开始有较大幅度上涨，但在总的资金来源中所占比例并不高，且呈逐年下降趋势，从2005年的19.1%下降到了2011年的12.2%。由此可见，在全省的固定资产投资方面，除国家预算资金、国内金融机构贷款、外资以及自筹等筹资渠道外，融资渠道相当单一，且总体的资金来源有限。

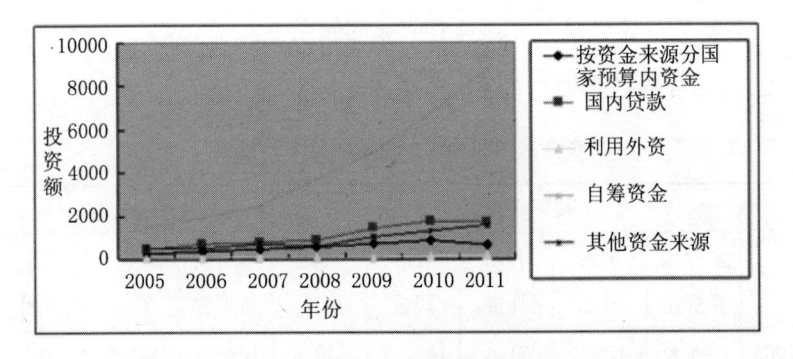

图4 按资金来源分全省固定资产投资曲线分布图

二 湖北省城乡发展一体化基础设施投融资中存在的主要问题

总体上看，多年来，在湖北省委省政府的大力支持下，湖北省城乡基础设施的投融资与建设有了一定程度的发展，城乡一体化建设稳定推进。一是投资比例逐步上升，结构逐步趋于合理。随着全省基础设施投资额的增长，用于农村基础设施建设的投资额度也有提升，并在投资结构上逐步全面地向农村经济性与社会性基础设施建设上进一步加大投融资比重，促进城乡基础设施建设以及公共事业一体化、均等化。二是投资体制机制创新，融资平台显现。通过不断探索和创新融资方式，为城乡基础设施建设拓展更多的融资渠道。三是投融资监管力度加大，相关机制进一步完善。通过完善相关制度建设和建立城乡基础设施投资中的利益机制、风险机制与激励机制，进一步完善了湖北省城乡基础设施建设的相关制度与体制。当然，与其他发达地区相比，湖北省城乡基础设施建设，无论在总体水平还是投融资体制建设方面，仍然存在着一些需要进一步完善的方面。

1. 融资渠道单一，投资主体不明确。

长期以来，城乡基础设施建设投融资管理部门和机构众多，建设资金不集中，导致城乡建设投资效益不高。目前，湖北省绝大多数小城镇建设中相应的投融资平台构建缺乏或者非常缓慢，往往呈现出建设项目已经确定，但是相应的投融资平台缺乏的局面，这种状况必然会导致项目建设资金跟不上、融资效率低、社会资源浪费等问题。当前，政府财政投资和银行信用贷款是湖北省农村基础设施融资的主渠道，城镇建设中的基础设施投资主要采用财政杠杆主导的投融资模式，即主要以财政投资为核心，资金主要是依靠中央政府和地方政府财政投入，缺乏充分调动和支持大量私人资金（包括内资和外资）注入农村城镇基础设施建设一体化平台的政策措施与机制，致使投融资主体单一化，融资渠道狭窄。显然，单纯依靠政府财政投资远远满足不了目前全省城乡发展的基础设施建设需求。

2. 政府投资有限，扶持政策不健全。

目前，真正面向农村基础设施建设投资的公共财政投资体制尚不完善，缺乏明确与完善的政府扶持政策，以及真正有效并具有实际可操作性的具体的政策措施；同时现存的投资方式粗放单一，政府尚缺乏科学合理的长期投资规划，支农投资也未形成稳定增长的长效机制。

3. 金融支持不足，投资环境亟待优化。

城乡之间金融体制发展水平差距明显，与城市金融发达程度相比，农村金融发展水平明显滞后。城市经济发展迅速，能够不断吸引各类金融资源进入，城市金融体系因而日益完善，而农村基础设施的投资不同于工业投资，回报率相对较低，效益需要一个长时间的积累才能实现，加之农业投资具有很大的风险性和不确定性，因此，农村金融发展与城市相比还存在较大差距。此外，农村金融体系和功能不健全，缺乏引导城市金融资源向农村市场流动的有效体制与机制，致使农村地区的社会经济发展长期处于积累有限、贷款难度大、投资短缺、自身发展水平低下的困局。在投资环境方面，农村地区投资环境差，难以引导资金的流入。与城市相比，广大的农村地区拥有天然的自然资源优势，但农村的人文环境、农民的文化水平以及政府政策对相关投资主体城乡基础设施投资的倾斜政策不到位，所有这些因素都直接影响城乡基础设施投融资体制的建设。

三 湖北省城乡发展一体化基础设施投资与建设的政策建议

完善的基础设施是衡量城乡经济一体化实现的一个重要标准，加强城乡基础设施建设尤其是农村基础设施建设尤为重要，同时，实现城乡基础设施建设一体化也是实现城乡其他方面一体化的前提和基础。要加快湖北省城乡经济发展一体化基础设施建设，就要在推进城乡基础设施一体化方面统一规划与布局。针对目前湖北省城乡发展一体化进程中存在的城乡基础设施差异大、共享性差、功能布局不合理以及农村基础设施资金投入不足等突出问题，当前农村基础设施投资与建设的重要任务要求我们必须坚持把城市和农村作为一个有机整体，着眼于强化城乡基础设施的相互衔接和均等化，创建切实可行的融资机制与融资平台，实现城乡共建，城乡共创，城乡共享。为此，依照中共中央十八届三中全会会议精神和城镇化工作会议对我国新型城镇化建设的战略部署，拟提出以下政策建议。

（一）科学合理规划布局，健全"六位一体"网络体系

1. 突出农村基础设施建设，做好城乡发展规划。

城乡发展一体化基础设施建设，是一项系统而庞大的工程，必须站在战略发展全局的高度做好规划，相关职能管理部门应在充分考虑各地经济与资源优势，以及地区经济发展基本状况的前提下，因地制宜，在做好长远规划的前提下，有计划、有步骤、分阶段进行城乡基

础设施建设。一是高标准协调好城市总体规划与各地方镇、村的具体规划，体现中心城市对中小城镇的带动与引领作用。二是重视村镇规划特色，镇、村建设规划应充分体现地域经济与文化特色，注重规划设计的环保理念，构建具有一定竞争力和体现文明城市与宜居城市特色的城乡一体化建设新格局。三是实现城乡规划的全面覆盖，重视村镇总体规划的编制和协调，努力在村镇基础设施、公共服务平台等建设方面，做到合理布局与协调发展。

2. 注重农村基础设施建设的协调与同步发展，构建完整的城乡发展一体化基础设施网络，逐步实现城乡服务与基础设施共享。

农村基础设施建设是一个系统工程。近期国务院发布的《关于加强城市基础设施建设的意见》强调，基础设施建设应强化"民生为先"的基本原则，在建设过程中，坚持先地下、后地上，优先加强供水、供气、供热、电力、通信、公共交通、物流配送、防灾避险等与民生密切相关的基础设施建设，加强老旧基础设施改造；保障城市基础设施和公共服务设施供给，提高设施水平和服务质量，满足居民基本生活需求[①]。因此，各项基础设施建设应同步进行，协调发展，切忌偏颇和片面化，否则对城乡一体化的发展会造成不利影响。在当前，经过多年的投资与建设，全省农村道路交通设施状况有了明显改观，水利设施建设对农村水利灌溉与农村饮用水安全也有一定保障，电力设施建设也有了长足进步，农村通信网络建设对农村信息沟通与传输也发挥了重要作用，目前关键是加强农村环保与流通市场体系与网络的建设。多年来，虽然农村环保设施和流通市场体系建设有了初步发展，但与更高水平的城乡发展一体化程度尚存在一定差距。因此，加强农村环保设施与市场体系建设，应成为当前全省城乡发展一体化基础设施建设的重要内容，其发展程度不仅关系到农村生产与生活环境的改善，也直接影响到农村市场的拓展，从更高层面上讲，

---

① 国务院办公厅：《国务院关于加强城市基础设施建设的意见》，http://www.gov.cn（2013—09—16）。

对进一步开拓农村消费市场，扩大内需都有直接的影响。长期以来，城乡发展差距明显，农村经济落后，发展缓慢一直制约着城乡一体化的实现，因此，为实现城乡基础设施发展一体化，必须让与扩大农村居民生产和生活密切相关的排污、交通、通信、防洪、电力、通讯及市场体系等城市基础设施，通过城市向农村的延伸，真正实现城乡基础设施共享。

第一，构建完善的城乡公路网络，支持和发展农村客运，加快公交向农村延伸。交通网是体现城乡基础设施一体化进程的一个重要指标。在推进城乡一体化进程中，政府应大力支持推行"农村班车进城，公交客车下乡"，优化城乡客运的路线和公交站点布局，努力实现农村客运公交化和城乡客运一体化，将农村客运网络与城市公交网络有效连接起来，形成畅通、合理、快捷、方便的城乡客运网络格局，真正实现城乡公交资源共享。

第二，落实城乡饮水安全工程，提高农村供水普及率。农村饮水困难一直是老百姓生活所面临的最直接、最实际、最亟待解决的问题。近年来，各地水源水质安全问题层出不穷，使得饮水安全成了人们关注的焦点，政府应该将城乡饮水安全工程建设作为城乡一体供水网建设的重点，优先解决污染严重地区的饮水安全问题，在工程质量和水质安全上加以监督，保证城乡水质安全。面对我省很多地区乡镇水厂规模较小，管理水平较低，技术基础薄弱，特别是农村供水普及率低的现状，可考虑依托大型且水质安全的自来水公司，通过兼并或扩建来扩大乡镇水厂规模和供水能力，并向其他各乡镇铺设分支管道网络，形成集中、连片的供水网，初步实现城乡供水一体化。

第三，加快城乡一体化供电网发展，积极推进城乡电力建设和供电环境建设。政府必须在电力建设及电网配套建设上给予高度重视，在选择电力建设的材料方面，优先选择符合节能环保的新型材料，使得在减少损耗的同时又满足了经济和可持续发展的要求。在进行电力建设过程中，应该在满足用电需要的同时提高农村生产、生活用电的保障率和安全性，加强对施工质量的管理，合理组织施工队伍，规范操作，高质高效地完成供电网的建设任务。

第四，推进供气管道向农村延伸，大力发展农村沼气。在城市与乡村交界处，积极推进城市天然气管道向农村延伸，让农民也可以享受到天然气带来的方便，在天然气无法通到的农村大力发展农村沼气，开拓以沼气为依托的农村绿色能源生产与使用的循环发展道路，在改善农村生产生活条件、优化生态环境的同时还能够带来一定的经济效益。

第五，加快城乡光纤快递网络和移动通信网络建设，不断满足广大农村居民需求。目前，我省的联通城域网和3G网络已经扩展到很多乡镇，但是光纤网络和无线网络在农村并没有普及，并且乡镇的无线网质量也不高，因此，政府在推进城乡一体信息网构建的同时，应逐步改善无线网络质量，打破资费区域差异和城乡差异，全面提高农村信息化服务水平。

第六，构建覆盖城乡的商贸市场网络，实现城乡人力资源市场信息资源共享。现阶段，越来越多的农村田地被发展为农村蔬菜基地，所以，在这种情况下，政府可以充当农村农产品基地与城市大超市之间的桥梁，引导鲜活农产品基地与大型农产品超市建立起长期、稳定的供销合作关系，实现农产品与超市对接，从而促进农村经济发展。在城乡人力资源信息网络构建方面，政府应积极搭建就业信息服务平台，以市级人力资源市场建设为中心，重点开拓镇（街）级人力资源市场，着力构建市、镇（街）、村（社区）三级人力资源市场信息网络，实现城乡人力资源市场信息资源共享。

（二）强化论证、评估，科学创建投融资体制

作为中部地区的重要省份，湖北城乡发展一体化的顺利推进，不仅对湖北省有重大的经济社会意义，对于整个中西部地区也有着至关重要的区位和战略意义。要解决湖北省城乡建设一体化问题，最关键的是创建作为"六位一体"总体要求中重要环节的基础设施建设的新型投融资体制，科学选择城乡基础设施的投融资主体，以促进城乡

基础设施建设均衡发展，缩短城乡基础设施差距。

科学推进新型城镇化建设进程，促进城乡发展一体化基础设施建设，首先应该着重处理好市场和政府的关系问题，坚持使市场在资源配置中起决定性作用。为更好地解决全省基础设施一体化的投融资体制的问题，结合湖北实际情况，城乡一体化的基础设施应该建立起"融资机制合理化，融资渠道多元化，融资模式市场化"的创新型投融资管理体制，在这种灵活多元创新的管理体制之下，强化政府的主导功能和地位，同时，充分发挥政府作用以创造良好的投融资环境，积极引导民间资本参与，在更大程度上充分体现"企业投资主体地位"[①]，促进城乡基础设施一体化的投融资方式的市场化运作，提高基础设施投融资体制的效率。围绕基础设施投融资体制，着重构建融资平台、拓展融资渠道，稳定融资机制，创新融资模式，真正做到狠抓"一个中心、三个基本点"不放松，即以"基础设施融资体制"为中心，以"融资机制、融资渠道、融资模式"为三个基本点，同时重视政府、企业与广大民众之间的协调运作，共同促进城乡基础设施一体化投融资体制的建设与完善。城乡基础设施一体化的融资体制各要素之间是相互联系的有机整体，只有各个部分相互协调配合，才能整体功能大于部分功能之和，从而使城乡基础设施一体化融资体制的作用得到更充分的发挥。基于上述思路，创建城乡基础设施一体化建设中新型投融资体制可从以下三个方面着手：

1. 完善投融资机制，规范投资主体行为。

（1）建立公共财政制度，呼吁金融支持。一是继续保持国家财政在农村基础设施建设投资中的主导作用，并持续增加中央和地方财政在农村基础设施建设上的投入比重，充分利用好政府转移支付对革命老区、民族地区、边疆地区、贫困地区的资金支持，以促进这些地

[①] 中国共产党第十八届中央委员会第三次全体会议：《中共中央关于全面深化改革若干重大问题的决定》，http://www.gov.cn（2013—11—15）。

区的城乡基础设施建设①。一直以来，农村基础设施建设的资金来源主要是财政支持，中央"十二五"规划纲要明确指出，要加大中央财政对农村基础设施建设的资金投入。结合目前城乡基础设施的巨大差异，要实现城乡基础设施一体化，国家财政预算支出，应该适度向农村倾斜，提高地方政府对农村基础设施的供给能力，以真正形成城市支持农村，工业反哺农业的城乡基础设施建设一体化格局。二是采取银行贴息贷款、政府财政补贴、政府税费减免、参股控股等多种手段，鼓励众多投资者积极参与城乡基础设施建设，并通过政府产业政策及相关扶持政策，引导资金投向于农村基础设施建设。三是充分调动金融机构为城乡基础设施提供融资服务的积极性，可考虑针对涉农金融企业及相关涉农业务，实施差异化政策，如通过降低涉农金融企业的存款准备金率、减免本地区内涉农金融企业的营业税与所得税、对部分涉农贷款不纳入存贷比限额管理以及适当提高对拨备率和不良率的容忍度，等等，通过这些差异化政策适当降低金融企业的经营成本，以此带动这些金融机构涉农贷款与投资业务的拓展；调动和引导各类商业银行在乡镇地区积极地开设分支机构，解决农村地区建设资金相对缺乏的问题，从而带动广大乡镇和农村地区的发展，有条件的地区还可考虑创建村镇银行等新型支持农村基础设施建设和公共事业发展的金融机构，并提供相应的营业场所，以方便银行业务的城乡开展。

（2）在城乡基础设施领域引入竞争机制，活跃民间投资。大型工商企业和某些私人团体可成为基础设施融资的重要渠道。企业作为重要的市场主体，其收益可以部分进入基础设施建设。同时，通过引入竞争机制，适度推进城乡基础设施投融资的市场化进程，确保基础设施建设的效率。目前湖北省在农产品加工、流通行业、房地产投资开发等竞争性行业，民间投资已成为主要力量，在交通、能源、水

---

① 中国共产党第十八届中央委员会第三次全体会议：《中共中央关于全面深化改革若干重大问题的决定》，http：//www.gov.cn（2013—11—15）。

利、城建、环保等基础设施领域和文化、教育、卫生、体育等社会事业领域，民间投资也已开始进入并逐步拓展。但在一些环保如污水处理项目，教育领域如幼儿园到中小学教学设备的投资兴办等项目上还不是很活跃。因此，在合理的竞争机制的引导下，应进一步采取措施，促使民间投资向这些领域的流入。

2. 拓展融资渠道，构建融资平台。

针对湖北省目前城乡基础设施投融资渠道不足，融资平台缺乏或者构建缓慢这一现状，拓展更为宽广的投融资渠道，搭建更加便利的投融资平台成为当务之急，更好地解决融资渠道和平台的问题，才能为城乡基础设施一体化的实现提供坚实的保障。

（1）充分利用政府优势资源，实现资本化的转变。政府资源是拓宽融资渠道的关键，通过对政府资源的整合，将以前在城乡基础设施一体化建设过程中被忽略的政府资源充分利用起来，这也是资源合理优化配置和使用的重要表现。从理论上讲，政府资源的内涵相当广泛，这里的政府资源既包括由国家拥有的土地、矿产和税费资金等有形资源，也包括由法律规定的具有特许的经营权及信息资源等无形资源。在城乡一体化基础设施建设过程中，通过赋予以上政府优势资源以资本特性，实现政府资源一定程度的资本化，并在政府和市场机制的共同作用下，借助资源的流动、重组、租赁、出售等诸多方式，实施资源的优化配置和市场化运作，以最好的方式发挥政府所属资源的作用，同时对其加以合理有效的利用，从而为各类投资主体开展城乡基础设施一体化建设，提供更多的渠道和资源。在当前，党的十八届三中全会精神明确强调要"建立城乡统一的建设用地市场"，"在符合规划和用途管制前提下，允许农村集体经营性建设用地出让、租赁、入股，实行与国有土地同等入市、同权同价"，"完善土地租赁、转让、抵押二级市场"，并明确提出"赋予农民更多财产权利"[①]。中

---

① 中国共产党第十八届中央委员会第三次全体会议：《中共中央关于全面深化改革若干重大问题的决定》，http://www.gov.cn（2013—11—15）。

共中央有关农村土地流转和农民财产权利保障的这些规定,在一定程度上为农村基础设施的投融资机制建设提供了更加宽松的政策与制度环境,广大农村地区将借助农村土地流转的市场机制建设,通过规范的农村集体土地流转市场,为城乡基础设施的资金来源拓展新的融资渠道。

(2)市场化的组织机构和政府管理机构共同作用,构建完善的投融资平台。一是可考虑在城乡基础设施一体化的推进过程中,借助政府引导与政策扶持,通过对部分国有企业实行股份制改造,组建相应政府类投资经营公司,构建融资平台;鼓励和培育本省有实力的国有及民营公司,通过股票发行与上市,拓展融资渠道。二是为改善金融信贷环境,积极探索"在加强监管前提下,允许具备条件的民间资本依法发起设立中小型银行等金融机构"[1],以及建立中小企业融资担保机构,以此为媒介,推出具有高水平和高质量要求的大型城乡基础设施建设项目,并由此吸引各类商业银行及国家政策性银行的贷款支持。三是为广大的民间资本开放投资领域,简化审批手续,提供便于民间资本进入城乡基础设施投资领域的良好环境和高效率的服务系统。高效的投融资管理平台的建成,对构建城乡基础设施建设投融资多元化的新格局,并借此打破目前城乡基础设施一体化的投融资尴尬局面,具有重要的支撑作用。

3. 完善和创新城乡基础设施一体化的融资模式

融资模式是城乡基础设施一体化建设顺利推进的关键,也是城乡基础设施一体实现的具体执行方式,因此,在充分完善已有融资模式基础的同时,应进一步创新城乡基础设施一体化融资模式。有以下几种模式可供参考:

(1)完善 BOT 模式,促进城乡基础设施投资。BOT 是 20 世纪 80 年代在国际金融市场活跃起来的融资方式,在我国各地城乡基础

---

[1] 中国共产党第十八届中央委员会第三次全体会议:《中共中央关于全面深化改革若干重大问题的决定》,http://www.gov.cn(2013—11—15)。

设施一体化建设过程中，BOT不失为一种可考虑运用的一种融资方式。进一步完善BOT模式，发挥这一融资模式的重要作用，具有重要意义。运用BOT模式，一方面能够适当的缓解基础设施建设资金不足问题、降低基础设施建设的融资成本、调控资本投资结构；另一方面，该方式以先投资后经营并收益为基础，允许私营资本（包括外资与内资）在一定程度上参与基础设施的融资、建设、管理，并拥有一定的权利，这对缓解当前城乡基础设施建设投资不足与融资渠道有限的难题有一定作用。

从当前来看，城乡基础设施建设采用BOT方式，也存在着一些需要注意的问题。一是当前我国尚无直接针对BOT方式的法律法规，因此，实际操作运行过程中的一些具体法律法规问题较难在现有法律法规框架内得以解决；二是管理体制不完善，相关项目的管理缺乏规范性和科学性；三是促进BOT方式有效运作的制度环境与专业人才的缺失；四是由于BOT方式运行周期长，无论对投资方还是东道方均存在着无法预期的风险。因此，为充分发挥BOT在城乡基础设施建设中的作用，有效规范投资者行为，应采取相应措施不断完善BOT投资方式的管理与实际运行。一是对拟实施BOT融资的基础设施建设项目开展科学评估，充分估计项目建设过程中可能存在的风险，强化风险管控意识，将项目建设与经营过程中的风险降到最低程度；二是通过相关的法律法规的完善，强化项目的科学管理，促进项目建设的顺利实施与建成后的顺利移交；三是加强专业人才培养，一个通晓相关法律制度、财务制度、工程专业技术及项目管理的专业人才队伍是BOT方式成功运行的关键。此外，由于城乡基础设施建设事关相关地区的稳定与安全，对BOT方式的运用，还应充分考虑当地的投资环境，鼓励地方民间资本积极参与项目投资，并强化当地政府的管控与协调功能。

（2）加强BT模式在非经营性基础设施建设项目中的作用。BT模式是BOT模式的一种变换形式，指一个项目的运作通过项目公司总承包，融资、建设验收合格后移交给业主，业主向投资方支付项目总投资加上合理回报的过程。作为城乡基础设施建设中筹集资金的主要方式，从已有的实践看，BT 模式主要运用于道路、桥梁、隧洞等大型基础设施项目建设。另外，BT 模式在凑集资金，减缓建设期间的资金压力方面有举足轻重的作用，BT 模式发起人通常是政府部门，项目完成以后，项目承担人移交、发起人审查合格后，发起人才能得到全部款项，BT 模式的项目期限一般 3—5 年，有的甚至工期更长，因此，采用 BT 模式，通常都是政府资金紧张，需要与民间资本共同完成投资的情况。

从当前 BT 投资方式看，由于项目投资承担方的法律身份问题，项目投资承包人筹集资金的压力较大，而且周期长，所以承担风险也很大，如质量控制风险、汇率风险、信用风险及其他自然风险等，另外，在政府缺乏完善的偿债机制与信用机制的情况下，缺少相关的法律来约束相关利益者的行为，致使监管项目建设费用过大。因此，BT 模式还需要进一步完善，一是要形成适用于 BT 模式的通用合同文本以及一整套解决工程索赔、争端的公认惯例；二是要求 BT 融资模式的项目承担人有相当不错的融资能力和抗风险能力，并促进项目风险分担的合理化；三是发起人必须选择实力雄厚的公司，以减少风险；四是政府应保障投资承包承诺的实现，加快资金回收速度。

（3）实现资产经营，完善 ABS 融资模式。这一模式概括地说就是"以项目所属的资产为支持的证券化融资方式"，资产证券化就是把缺乏流动性，但预期未来具有稳定现金流的资产汇集起来，形成资产池，通过结构重组，将其转变为可以在金融市场上出售和流通的证券。相对其他融资方式，资产证券化具有融资门槛和融资成本低、效益好、效率高的特点。在城乡一体化建设过程中，可以将闲置或者通过其他方式置换出来的土地，由土地管理中心统一收储，为土地资产化和资产证券化提供储备源，并通过特设的委托机构及专门账户、政府信用、商业银行、资产担保公司以及资产评估机构等一系列单位的有机联系，以此实现土地资产化和资产证券化。

（4）拓展间接融资渠道，发挥银行信贷作用。在政府推动作用下，倡导各商业银行为城乡基础设施一体化建设专设信贷额度，扩大信贷规模，为城乡一体化提供必要的信贷支持。同时，借鉴国内一些地区城乡建设一体化的经验，将城乡一体化建设项目整合，捆绑式申请银团贷款。根据苏州市的基本经验，城乡基础设施建设银团贷款的基本做法是，以镇为单位，通过城乡一体化建设任务的长期规划，采取分步实施办法，将一定时段内相对较为集中、有一定关联度的项目统筹组合，分组打包，以项目包为单位统一向银行申请贷款，并通过政府相关部门帮助主办银行完成牵头组团，发放银团贷款。这种方式的优点，一是可以充分利用土地等大额资产的抵押功能；二是利用统一的贷款协议，提高工作效率；三是可以利用各类金融机构的联盟力量，聚小集大，充分发挥其整体功能，从而分散信贷风险。

(5) 探索直接融资方式，发挥证券的资金筹措功能。中共中央十八届三中全会《决定》明确提出，"建立透明规范的城市建设投融资机制，允许地方政府通过发债等多种方式拓宽城市建设融资渠道"；近期的中央城镇化工作会议也同时强调，应"建立多元可持续的资金保障机制，在完善法律法规和健全地方政府性债务管理制度基础上，建立健全地方债券发行管理制度"[1]。根据中央上述相关文件精神，当前城乡一体化基础设施建设，可充分考虑通过申请发行城乡一体化地方债券，用于交通运输、信息通讯、房产、环保设施、医疗设施设备和排污处理系统等地方性公共基础设施建设。同时，支持有条件的企业为城乡一体化项目发行企业债、公司债，引导各种性质的企业进入，鼓励、引导企业资金参与城乡一体化建设，评选合适的项目以BT方式委托给有实力的企业，建设新农村，以及新型城乡社区。对于地方国有企业，可考虑由国企投资设立城乡一体化开发公司，推动农民向城镇集中的进程，做大现有城乡一体化投资公司，扶持农业龙头企业，完善股权结构，加强公司治理，积极争取股票上市，吸纳社会资本投资于城乡一体化事业；创建城乡一体化贷款公

---

[1]《中央城镇化工作会议在北京举行》，http://nongye.gmw.cn (2013—12—16)。

司，发行公司债券，拓展更多更顺畅的融资渠道。

（6）PFI（Private Finance Initiative，私人主动融资）是目前国际上城镇基础设施建设的一种新型模式，同时也是 BOT 模式的新发展，即民间主动融资。PFI 是一种促进私营部门有机会参与基础设施和公共物品的生产和提供公共服务的全新的公共项目产出方式，而政府通过购买私营部门提供的产品和服务，或给予私营部门以收费特许权、或与私营部门以合伙方式共同营运等方式，实现了公共物品产出中的资源配置最优化、效率和产出的最大化。从某种程度上讲，这种模式既可以提高企业和社会参与城乡基础设施建设的积极性，也可以活跃城乡基础设施的投融资市场。同时，对政府而言，通过政府的引导和政府一定范围内的"购买"，充分发挥了政府在吸引民间投资与资源合理配置中的积极作用，而对实际进行投资建设的企业来说，也因为有政府的引导和支持，在保证合理的投资收益的前提下，避免了投资的盲目性。

（三）落实投融资主体责任，实现权责利统一

湖北省在建设城乡基础设施项目工程的过程中必须按照投资效益最大化和建设成本最小化原则，实行城乡基础设施建设职责分工，实现投融资主体的权、责、利统一，形成既有利于提高项目工程投资效益，又能保障城乡发展一体化的工程项目建设管理体制。

一是建立相应的投资者保护法规体系，明确投资人的责任与权益。根据国家计划委员会1996年1月制定颁发的《关于实行建设项目法人责任制的暂行规定》，国有单位经营性基本建设大中型项目在建设阶段必须组建项目法人，项目法人为依法设立的独立性机构，对项目的策划、资金筹措、建设实施、生产经营、债务偿还和资产的保值、增值，实行全过程负责。因此，在城乡基础设施建设的过程中，政府可以制定相关项目实施政策法规，通过实施项目法人责任制，在项目决策、管理以及收益处置上给予投资主体相应的自主权，从而实现责任与权益的统一。

二是完善投资的积累机制，廓清投资范围。积累包括投融资主体自身承担的与投资项目相适应的资金能力和投资主体具有的自我扩张的再生能力，前者往往通过自身积累和对外筹措获得。完善的投资积累机制有助于各投资主体投资的连续性和建设项目实施的完整性。与此同时，针对中央、省市及地方的各类投资积累（包括民间资本），应按照资金来源性质与使用范围，以及积累规模等情况，对各类资金实行合理使用，特别是针对中央与地方的财政拨款资金，应实行专款专用，注重投资效率，优先考虑对关乎广大城乡地区农业安全与农村发展的主要江河治理、大型水利工程承建与维护、农电网建设、农业生产与农产品流通、农业教育、农业技术推广等基础设施建设项目的投资，并通过对民间资本进一步开放投资领域和建立良性的投资积累机制，借助政府投资的引导作用，鼓励和引导民间资本对城乡基础设施的投资。

三是完善投融资的利益机制。出台相应的《投资利益管理办法》，明确各投资主体之间的利益范围，各负其责，互不干涉，化解部分投资主体之间的矛盾与冲突，避免重复投资，资源浪费，区别城乡基础设施各个领域的利益驱动机制，明确和保证各投资主体之间的个体利益与整体利益的一致性。因此，理想的投融资利益机制应该能够使各投资主体在个体利益、他人利益以及整体利益之间实现平衡，只有利益机制的建立与完善，才能充分调动大型企业和其他投资主体参与城乡一体化基础设施投资的积极性和主动性，从某种意义上说，正是一种真正具有激励作用的利益机制的建立，才能从保护投资者的利益角度考虑，以实现全省城乡一体化基础设施建设的良性发展。

总之，通过不断完善城乡基础设施一体化建设的责任与权益机制，强化各投资主体的目标、方式、范围的透明度，加强对投资成本和投资行为的监管，建立并完善责任制和责任追究制，对于不负责任、严重违反相关规定的投资人，给予相应的惩罚，只有这样，才能更加有利于各投资主体在权益与责任之间的平衡与协调，从而积极主动地参与城乡基础设施建设，并最终提高整个农村基础设施投资的经济效益。

(四) 加强质量全程监理,严格投融资考评

当前在很多基础设施工程建设中,工程招投标和质量管理缺乏严格的监督和控制,项目法人责任制和工程监理制没有真正实施到位,致使在基础设施建设尤其是在一些地方的基础设施建设中出现了一些所谓的"豆腐渣"工程,这些"豆腐渣"工程,不仅极大浪费了国家的人力、物力、财力,也败坏了基础设施建设的整体形象。因此,政府作为城乡基础设施建设项目的重要监管部门,必须严格考评投融资过程中的工程招投标,加强基础设施工程质量的全程监理。

第一,建立各级行政单位一体化的管理体制,明确各级政府在城乡基础设施建设投融资和质量监管方面的责任并做好各级地方政府的职能分工,保证城乡基础设施建设项目的工程招标公正、公平、公开。

第二,颁布城乡基础设施项目工程的质量标准,并要求项目建设参与各方严格按照质量标准执行。

第三,建立城乡基础设施工程项目执行情况的监督机构,定期对已完成的工程进行质量检查并及时公布质量检测结果,对于检测不达标的工程严格处置。

第四,加大宣传,积极调动市民和村民的积极性,发挥群众监督和社会舆论效应,提高全省对于城乡基础设施建设以及城乡发展一体化进程的参与度。

(五) 加强管理与维护,提高工程使用效益

湖北省基础设施建设中存在的一个严重问题是"重建轻管",尤其是农村基础设施建成后缺乏有效的维护和管理,导致资源浪费的现象比较严重,损坏较快的现象比较普遍,工程使用效益普遍不高。因此,政府及各级相关部门要切实重视基础设施建成后的管理和维护工作,做到建管并重,从而提高工程的使用效益。

第一，通过政府制定基础设施相关管理办法和维护制度，明确相关责任。对于已建成的基础设施项目和正在建设中的新项目，均应根据不同的基础设施类型明确责任人。对于城乡的一些纯公益性的基础设施，应当明确农民或市民对于公共基础设施管理与维护的主体地位，调动农民或市民的积极性，实行集体事共同做。对于其他一些引入市场机制的基础设施项目工程，应坚持谁投资谁负责的原则，落实后期管理与维护。

第二，将基础设施的管理与维护纳入预算，建立资金保障机制。尤其是对于农村的基础设施维护，地方财政要从预算收入中提取适当比例的资金用于农村基础设施的管理与养护。对用于基础设施管理和维护的资金由镇村统筹使用，并进行必要的监督，保证管护资金用到实处。

第三，提高基础设施使用主体的素质，组建队伍强化管护。加强对农民的教育和培训，提高农民自身素质，因为农民才是农村基础设施日常使用和管理维护的主体。各地方可以以镇为单位建立一支强有力的管护队伍，对基础设施统一管理和维护，加强对管理和维护人员的系统培训和现场实训，强化管理和维护人员的管护意识、管理和维护作业操作技能，提高管护质量。

（六）加强风险预警预防，提高风险防范能力

由于城乡基础设施项目投融资具有回收期长、潜在风险大，会计法律等基础市场发展薄弱、不可预见的因素多等特点，因此项目参与各方都不可避免地会面临着各种各样的风险，如果不加防范，很可能会影响该项目的顺利进行，甚至造成严重的后果，因而比其他类投资更需要一种周详、有效的风险评估、分散和化解机制。

一是完善投融资的风险机制，建立投融资的风险评估与风险担保机制。投资本身就蕴藏着巨大的风险，尤其是对农村基础设施建设的投资，由于投资报酬率不高，投资回收期较长，变相地加剧了投资主体的投资风险和机会成本，导致各个投资主体不愿意将投资资金向农

村基础设施建设项目倾斜。为鼓励更多资金参与城乡基础设施建设，在风险评估机制方面，应通过科学的评估指标与评估体系建设，合理评估各项资金来源的投资风险；在风险担保机制方面，可考虑通过相应担保机构和投资担保基金建设，最大限度地保护投资者的利益。

二是完善投资回收补偿机制，保障投资者利益，增强城乡基础设施项目对社会投资者的吸引力。对于经营性基础设施项目，政府应给予高度的政策法律等支持，加快推进价格改革，同时运用财政、金融和税收手段，缩短投资回收期。对于非经营性基础设施项目，政府可以建立适当的基于使用者付费的收费机制和价格体系。一直以来，农村的基础设施大都是由政府拨款统一筹建并交付农民无偿使用，农村基础设施作为公共物品存在，其使用不存在所谓的使用者付费机制，而其日常运营的维持也仅靠财政补贴来进行，这种做法一方面忽视了基础设施潜在的商业属性，以至于很难吸引外部资金由于投资收益的刺激而投入到基础设施建设上来；另一方面，随着农村基础设施的不断扩建，政府在基础设施项目上的财政压力会日益加重，同时，由于基础设施的使用价格几乎为零，也会导致其使用主体对于基础设施的过度消费需求，造成资源浪费，严重影响基础设施资源的合理配置。因此，在城乡基础设施建设上，政府可以用适当的市场手段对城乡基础设施进行经营，对那些可以实行商业化运作的城乡基础设施进行资本运作，使城乡基础设施的建设资金投入与产出之间形成良性的循环，缓解财政压力。

（撰稿人：杨德平、赵峰、李玲、洪霞、吴潇）

主要参考文献：

1. 中国共产党第十八届中央委员会第三次全体会议：《中共中央关于全面深化改革若干重大问题的决定》，http://www.gov.cn（2013—11—15）。

2. 国务院办公厅：《国务院关于加强城市基础设施建设的意见》，http://www.gov.cn（2013—09—16）。

3.《中央城镇化工作会议在北京举行》，http：//nongye.gmw.cn（2013—12—16）。

4.《城镇化关键词：市民化、土地集约化、资金保障机制》，http：//house.gmw.cn（2013—12—16）

5. 湖北省统计局：2005—2012年各年《湖北统计年鉴》，中国统计出版社。

6. 魏昭峰等：2005—2012年各年《中国电力年鉴》，中国电力出版社。

7. 关洪林等：《湖北省"十一五"农村饮水安全建设存在的主要问题及对策》，《2009年促进中部崛起专家论坛暨第五届湖北科技论坛论文集》，2009年。

8. 曲福田：《以破除城乡二元结构为突破口，加快形成城乡发展一体化新格局》，《群众》，2011年第3期。

9. 刘伟：《搞活农村流通，开拓农村市场》，《求是》，2010年第2期。

10. 刘浪：《城乡基础设施投融资博弈与一体化发展策略》，《商业时代》，2008年第28期。

11. 李炜等：《城乡统筹发展的湖北实践》，《农村工作通讯》，2012年第23期。

12. 黄金辉：《中国农业现代化的瓶颈：投资不足》，《四川大学学报》，2004年第3期。

13. 郭晓鸣等：《统筹城乡背景下的农村金融创新研究：基于成都市统筹城乡改革试验区的视角》，《西南金融》，2013年第3期。

14. 董桂霞等：《统筹城乡发展，缩小城乡差距：浅谈推进城乡发展一体化》，《经营管理者》，2009年第12期。

15. 陈锡文：《推动城乡发展一体化》，《求是》，2012年第23期。

16. 王广起：《我国农村基础设施供给机制的完善与创新》，《经济纵横》，2006年第5期。

17. 权丽华：《兰州城乡一体化建设中的投融资问题研究》，《财会研究》，2011年第13期。

18. 刘兆云等：《地方政府投融资平台风险及其防范措施》，《企业经济》，2011年第6期。

19. 刘明喆等：《转型时期城乡一体化基础设施的构建》，《小城镇建设》，2012年第6期。

20. 刘家伟：《我国农村基础设施投融资模式研究》，《中央财经大学学报》，

2006 年第 5 期。

21. 刘汉成等：《统筹城乡基础设施建设实现城乡基础设施一体化：以湖北省鄂州市为例》，《黄冈师范学院学报》，2011 年第 1 期。

22. 廖家勤：《财政紧约束下有效促进农村基础设施建设的政策选择》，《农村经济》，2006 年第 3 期。

23. 何兵：《苏州推进城乡基础设施一体化的实践与探索》，《城乡建设》，2012 年第 6 期。

24. 郭亮等：《北京小城镇建设投融资模式分析》，《财经界》，2012 年第 9 期。

25. 艾亚：《探索统筹城乡发展的投融资之路》，《国际融资》，2007 年第 9 期。

26. 吴凤君等：《BOT 模式的新发展——PFI 模式》，《时代金融》，2007 年第 2 期。

27. 袁艳红：《新农村建设中提高农民素质的基本思路》，《国家林业局管理干部学院学报》，2008 年第 1 期。

28. 郭凤平等：《城市基础设施建设项目融资的 BOT 模式》，《天津大学学报》（社会科学版），2006 年第 1 期。

29. 方堃等：《湖北省城乡基本公共服务均等化现状及对策研究——以基础设施建设为例》，《襄樊学院学报》，2011 年第 1 期。

30. 程工等：《转轨时期基础设施融资研究》，社会科学文献出版社 2006 年版。

31. 《苏州城乡一体化建设中的融资对策探讨》http：//wenku.baidu.com。

32. 调研组：《统筹城乡发展需要投融资创新——嘉兴市城乡投融资体制改革的调研报告》，http：//www.investzj.com.cn（2004—07—16）。

33. 滕长宏：《法律视角下农村基础设施建设相关问题研究：以农村公路建设为例》，http：//www.legalinfo.gov.cn（2011—02—09）。

34. 九三学社广东省委员会参政议政处：《推进我省城乡基础设施建设与管理一体化的建议》，http：//www.93.gd.cn（2009—02—25）。

35. 张桂松：《农村公共基础设施建设不能重建轻管》，http：//www.cenews.com.cn（2010—09—16）。

36. 湖北省交通运输厅：《交通概况》，http：//www.moc.gov.cn。

37. 湖北省统计局：《从数字看湖北：交通运输建设成效显著》，http://www.stats—hb.gov.cn（2012—10—30）。

38. 长江商报：《五年来年均水利投入142亿元》，http://www.changjiangtimes.com（2012—05—13）。

39. 湖北统计局：《2012年湖北交通运输发展分析》，http://www.askci.com（2013—04—25）。

40. 湖北省水利厅：《湖北省大型排涝泵站更新改造工程建设进展情况通报》，http://www.hubeiwater.gov.cn（2009—08—01）。

41. 湖北省水利厅：《湖北省大型灌区建设与管理情况调研报告》，http://www.xnsl.gov.cn（2010—12—18）。

42. 湖北省农田水利基本建设办公室：《农田水利基本建设简报第四十五期》，http://www.hubeiwater.gov.cn（2012—01—10）。

43. 赵茂安：《来自中国中部湖北松滋的新农村建设报告：2006—2012》，2013—11—04。

专题三

湖北省城乡产业一体化发展研究

城乡一体化是新时代背景下城镇化快速发展的一个崭新阶段，是促进城乡居民生产方式、生活方式和居住方式变化的手段，也是城乡经济、社会、文化和生态差距缩小、各具特色、协调发展的过程。党的十八大已将统筹城乡发展、推进城乡一体化，作为我国长远发展的重大战略任务。城乡一体化本质就是谋求城市与农村的互促互动互融，而产业一体化则是推进城乡一体化的基础和动力。农业是推进城乡一体化的原始动力，工业是城乡一体化的根本动力，第三产业是城乡一体化的后续动力。没有一、二、三产业的互动和城乡经济的相融，也就没有城乡一体化的经济基础和持续动力。因此，湖北省要积极推进产业一体化，实现城市和农村两大区域主体在产业上的相互融合和生产要素的相互流动，以统筹城乡产业发展推进湖北省城乡一体化发展、科学化发展和跨越式发展。

一 湖北省城乡产业一体化发展现状和特点

2001—2012年以来，湖北省紧扣科学发展这个主题和加快转变经济发展方式这条主线，全省经济社会呈现出稳中有进、趋势向好、结构优化、质量提升、民生改善、社会和谐的良好态势。2012年，湖北省全省完成生产总值22250.16亿元，按可比价格计算，比上年增长11.3%，连续9年保持两位数增长。湖北省委、省政府加快推动城乡一体化建设,初步形成了以"两圈一带"总体战略为支撑,以"五个层面"新农村建设为重点的推进城乡一体化发展的格局,为全省城乡统筹和城乡产业一体化发展奠定了坚实基础。

(一) 城乡产业一体化发展的现状

1. 城乡产业一体化经济状况。

在城乡产业一体化的指标体系中,经济指标是最为重要的指标,而城乡居民收入水平是反映城乡产业一体化状况的基础指标。湖北省作为我国中部六省之一,城乡产业一体化发展使得居民收入水平得到显著改善,具体见表1。

表1　　　　　　　　湖北省城乡居民收入横向比较

年份	城镇居民可支配人均收入 2002	城镇居民可支配人均收入 2011	农村居民人均纯收入 2002	农村居民人均纯收入 2011	城乡居民比 2002	城乡居民比 2011
湖北省	6788	18373	2444	6897	2.78	2.66
湖南省	6958	18844	2397	6567	2.90	2.87
河南省	6245	18195	2215	6604	2.82	2.76
安徽省	6032	18606	2117	6232	2.85	2.99
江西省	6335	17495	2306	6891	2.75	2.54
山西省	6234	18124	2149	5601	2.90	3.24
六　省	6432	18273	2271	6466	2.83	2.83
全　国	7702	21809	2475	6977	3.11	3.13

资料来源:中国统计年鉴

由表1可知,十年期间,湖北省、中部六省以及全国的城乡居民收入水平发生了较大的变化。2011年,湖北省的城镇居民可支配人均收入达到18374元,高于中部六省平均水平,居于六省第三位(湖南省和安徽省以18844元、18606元居于第一第二位);农民人均纯收入达到6898元,两者与2002年相比增幅分别为1.71倍和1.82

倍，都居于中部六省中的首位，这充分反映了湖北省农民生活水平的提高。然而，湖北省的城乡居民收入水平始终低于全国平均数，湖北省的城乡产业发展还处于全国的中下发展水平。

从表2来看湖北省2002年至2011年期间城乡居民收入的变化。一方面，湖北省的农村居民人均纯收入历年来都低于城镇居民的人均可支配收入，城乡居民的收入差距呈现出扩大趋势，2002年城镇和农村居民的收入差距为4344元，2012年上升到11476元。但是，湖北省农村居民人均纯收入由2002年的2444元增加到6897元，增加了1.82倍，与城镇居民的增幅差距不大，反映出湖北省的城乡居民收入差距的扩大趋势还是得到了一定程度的减缓，这是注重城乡产业一体化发展的良好结果。另一方面，湖北省城乡居民人均收入差距总体上呈现出减小的趋势。虽然各年之间存在一定幅度的波动，但整体上城乡收入比从2002年的2.78下降到2011年2.66，下降了4.09个百分点。这再一次反映了湖北省的城乡产业一体化发展在经济上取得了突破性的成果。

表2　　　　　　　　湖北省城乡居民收入纵向比较

年份	城镇居民 人均可支配收入	增幅	农村居民 人均纯收入	增幅	城乡收入比
2002	6788	——	2444	——	2.78
2003	7321	7.85%	2566	4.99%	2.85
2004	8023	9.59%	2890	12.63%	2.78
2005	8786	9.51%	3099	7.23%	2.84
2006	9803	11.58%	3419	10.33%	2.87
2007	11485	17.16%	3997	16.91%	2.87
2008	13152	14.51%	4656	16.49%	2.82
2009	14367	9.24%	5035	8.14%	2.85
2010	16058	11.77%	5832	15.83%	2.75
2011	18373	14.42%	6897	18.26%	2.66

资料来源：中国统计年鉴

2. 城乡产业一体化产业结构状况。

湖北省作为中部农业大省，城市主要发展工业，农村主要发展农业，第一第二产业在湖北省的经济发展中都占据重要的地位。近年来，随着工业化以及城镇化进程的加快，农业在湖北省生产总值中所占比率整体下降。表3数据显示，以农业为基础的第一产业在国民生产总值所占比率从2002年的16.8%下降到2010年的13.4%，下降幅度为19.9%，而以工业为基础的第二产业2010年在国民经济中占比48.6%，相比2002年的40.6%，增幅高出19.8%。

表3　　　　　湖北省第一、第二产业生产总值比例

年份	2002	2003	2004	2005	2006	2007	2008	2009	2010
第一产业	16.8%	16.8%	18.1%	16.6%	15.0%	14.9%	15.7%	13.8%	13.4%
第二产业	40.6%	41.1%	41.2%	43.1%	44.4%	43.0%	43.8%	46.6%	48.6%
第三产业	42.6%	42.1%	40.7%	40.3%	40.6%	42.1%	40.5%	39.6%	37.9%

资料来源：中国统计年鉴

3. 城乡产业一体化就业结构状况。

随着产业结构的变化，就业结构也发生了重大变化，见表4。以城镇、农村就业划分，湖北省的城镇就业比例从2002年的34.3%上升到2010年的45.6%，农村就业比例下降11.3个百分点。以产业划分来看，湖北省的就业结构比例从2002年的50.0：21.4：28.6变化到2010年的36.7：28.7：34.6。在城乡统筹发展中，劳动力在社会各个产业间的转移障碍是较为重要的问题。纵观湖北省的产业结构和就业结构，我们发现第一产业的产业结构生产总值比重下降19.9%，低于第一产业就业下降的比重（34.11%）；而第二产业生产总值比重的增加，低于第二产业就业上升的比重。这反映了就业结构的变化与产业结构变化趋于一致，劳动力在产业间的转移障碍有所减少，实现了第一第二产业劳动力的良好转接。

表4　　　　　　　　　湖北省城乡就业结构比例

年份	2002	2003	2004	2005	2006	2007	2008	2009	2010
城镇就业	34.3%	35.6%	37.7%	39.0%	40.6%	41.1%	42.5%	43.9%	45.6%
农村就业	65.7%	64.4%	62.3%	61.0%	59.4%	58.9%	57.5%	56.1%	54.4%
第一产业	50.0%	49.1%	46.9%	44.8%	42.6%	40.8%	39.6%	38.1%	36.7%
第二产业	21.4%	21.6%	22.5%	23.8%	25.2%	26.8%	27.2%	27.8%	28.7%
第三产业	28.6%	29.3%	30.6%	31.4%	32.2%	32.4%	33.2%	34.1%	34.6%

资料来源：中国统计年鉴

综上所述，从经济发展状况上看，湖北省的城乡居民收入都在稳步上升，城乡居民之间的收入差距也得到了缩减，这是城乡产业一体化发展中的重要成果，也是推动产业一体化向更加成熟阶段发展的重要经济基础。从产业比值来看，随着农业和工业的产业比重的互动变化，湖北省的产业结构在产业一体化道路中得到了优化，工农产业之间的发展日趋和谐，互补互促。从就业结构来看，近年来湖北省的各产业间的就业比率变化与产业自身比重变化相一致，劳动力在产业间得到了良好嫁接和有效配置。从经济状况和产业状况的发展来看，尽管湖北省的城乡产业一体化还存在问题，但是在良好的经济基础下也取得了一定的实践成果，实现了城乡产业一体化和城乡经济社会发展的良性互动。

（二）城乡产业一体化发展的特点

1. 城乡一体化产业规模快速扩大。

2000年至2012年，湖北经济呈现出高速发展，产业规模快速扩大的格局。2012年，湖北省地区生产总值为22250.16亿元，较2000年的3545.39亿元增长了18704.77亿元，按可比价格计算增幅为294.9%，2001至2012年年均增长速度达到12.1%。三次产业的增长情况为：

农业生产形势良好，保持平稳增长。2012年全省农林牧渔业增加值达到2848.77亿元，按可比价格计算，比上年增长4.7%。2012年较2000年的662.30亿元增长71.8%，年均增长4.6%。粮食保持十年丰收，2012年粮食总产量2441.81万吨，比上年增产53.28万吨，增长2.2%；棉花总产量53.15万吨，增产0.57万吨；油料产量319.66万吨，增产14.95万吨，增长4.9%，产量保持全国第一；畜禽生产保持稳定，水产业增长较快。

工业经济规模突破，主导地位明显增强。2012年全省工业增加值突破1万亿元，达11190.45亿元，占全省生产总值的比重达到50.29%；全省工业完成销售产值突破3万亿元（31012.94亿元）；实现利润、税金均超千亿。2001—2012年间，规模以上工业增加值增速近九年连续超过20%，按不变价计算，工业增加值年均增长14.52%，比同期全省生产总值增速高2.52个百分点，工业在产业结构中的比重提高3.7个百分点。规模以上工业实现主营业务收入年均增长22.1%，实现利润年均增长31.7%。

现代服务业发展迅速，增速加快。第三产业2012年完成增加值8210.94亿元，比上年增长10.8%。按可比价格计算，较2000年的1445.71亿元，增幅为287.3%，2000年至2012年年均增长11.9%。

2012年全年全省完成货物周转量4693.61亿吨公里，比上年增长16.1%；旅客周转量1576.97亿人公里，增长8.6%；邮电通信业完成邮电业务总收入491.44亿元，增长14.8%；完成国内旅游收入2553.55亿元，增长32.2%，国际旅游外汇收入12.03亿美元，增长28.0%；金融机构各项存款余额28257.85亿元，比年初增加411.26亿元，贷款余额19032.24亿元，比年初增加2818.67亿元；全年全省保费收入595.41亿元，增长8.3%。

2. 城乡一体化产业结构逐步合理。

从三次产业的产值来看，2012年第一产业完成增加值2848.77亿元，第二产业完成增加值11190.45亿元，第三产业完成增加值8210.94亿元，三次产业结构比重为12.8∶50.3∶36.9。与2000年三次产业产值的比重18.7∶40.5∶40.8相比较，产业结构有了很大变化。与2011年的13.1∶50.1∶36.8相比较，又有新的调整，湖北省的产业结构逐步合理。从三次产业结构吸纳就业人口来看，也呈现逐步合理的趋势。2000年三次产业就业人口占比为48.0∶20.8∶31.2，2012年调整为44.5∶21.2∶34.3，第一产业就业人口减少，第二、三产业，特别是第二产业就业人口比重快速增长。

3. 城乡一体化产业特色明显增强。

一批支柱产业及大型骨干企业群体崛起，凸现产业特色。一些产业与湖北要素禀赋相适应，凸现产业特色和产业优势。全省工业产业结构在调整中优化，在优化中壮大，涌现并逐步形成了汽车、钢铁、石化、食品、机械、电子信息、电力、纺织、建材等9个千亿元产业，其中，汽车产业过3千亿元，钢铁、石化、食品、机械四个产业过2千亿元。整体呈现出以汽车等装备制造和原材料加工等重化工主导的工业增长格局，装备制造业的优势进一步突显。同期，以食品、纺织为主的消费品工业也实现了长足的发展。高新技术产业发展迅速，日益成为促进全省工业经济快速发展的新支撑。全省高新技术制造业增长较快，截止到2012年，全省全年完成增加值2702.10亿元，比上年增长19.0%，占规模以上工业增加值的比重达28.3%。

4. 城乡一体化产业分布逐渐均衡。

市域与县域共同推动，工业增长呈多点支撑格局。市域工业呈竞相发展之势。2012年武汉市完成工业增加值占全省工业的35.97%，继续保持明显的领先优势；宜昌、襄阳"两副"占全省工业的18.4%，呈追赶之势；十堰、黄石、荆门3个市跃上300亿元台阶，具备较强的工业基础和发展后劲；孝感、荆州、黄冈、咸宁、鄂州等5个市工业增加值均超200亿元；随州、潜江、仙桃过百亿元；恩施和天门，不到百亿元。

县域工业内在动力和活力明显增强。2012年，县域经济在全省经济中的比重达到56.5%，比2002年的46.1%提高10.4个百分点，县域第二产业增加值占全省比重提高到46.3%，县域规模以上工业企业过万家，达11569家，主营收入过10亿元企业达123家。工业增加值过百亿元的县市区 5 个。

工业园区和各级各类开发区已成为支撑全省工业发展的重要载体和增长点。2012 年全省共有各类开发区 131 个,其中,国家级开发区 7 个,实际开发面积 1111 平方公里,集聚工业企业 19030 家,完成工业增加值占全省的 69.7%,实现税收收入占全省的 52%,开发区已成为全省推进工业化和城镇化的主战场。销售收入过百亿元的重点成长型产业集群达到 11 个,过 50 亿元的达到 26 家。这里引用开发区调研中获得的数据,2012 年,生产总值过百亿元的开发区有 17 个,其中,过 200 亿元的有 7 个,分别是东湖高新区(1295 亿)、武汉经济技术开发区(577 亿)、宜昌高新区(414 亿)、襄阳高新区(380 亿)、吴家山开发区(305 亿)、江夏开发区(240 亿)、黄石开发区(211 亿)。税收收入过亿元的开发区达 93 家,其中,过 5 亿元的 36 家,过 10 亿元的 12 家,税收总额居前 5 位的分别是东湖高新区(211.7 亿)、武汉经济技术开发区(187.5 亿)、吴家山开发区(63.2 亿)、襄阳高新区(46.9 亿)、宜昌高新区(29.9 亿)。

5. 城乡一体化产业效益显著提高。

各类企业主体活力增强,优势企业竞争力增强,形成产业集群,规模效益显著提高。2010 年全省超百亿元工业企业 19 户,其中,东风汽车集团、武钢集团过千亿元,分别位居世界 500 强企业第 145 位和第 341 位。省电力公司、东风公司(十堰地区)突破 400 亿元,东风本田、神龙公司、大冶有色、武烟超过 300 亿元,华中电网、荆门石化、武汉石化、长江电力超过 200 亿元,东汽股份、风神襄樊公司、鄂钢、湖北宜化、富士康、新冶钢、武汉邮科院、冠捷科技、江汉石油管理局超过 100 亿元。非国有工业和中小企业的快速发展为全省工业提供了新的动力。在全部工业中,股份制企业占据半壁江山,2012 年实现增加值 5774.38 亿元,占全省的 32.9%;小企业占全省工业的 38.6%。

6. 城乡一体化产业服务逐步健全。

全省服务业在过去 10 年保持了平稳较快发展,2012 年服务业增加值达5894亿元，就业人数占全部就业总量的1/3左右，创造的地方税收占全省地方税收的60%以上。基本形成二、三产业共同拉动经济又好又快增长的格局。2012年全省批发零售业、交通运输仓储邮政业、文化产业、金融业、房地产、住宿和餐饮业分别实现增加值1292亿元、754亿元、650亿元、561亿元、564亿元、385亿元，占第三产业的比重分别为21.3%、12.4%、10.7%、9.3%、9.3%、6.4%。国内旅游业实现年收入2553.55亿元。工程设计、软件服务外包等高科技型服务业呈加速发展态势。物流、旅游、文化、金融等服务业重点骨干企业相对聚集，初步形成了126个各具特色的服务业产业园区。武汉市江汉区国家首批服务业发展示范试点工作全面推进。目前，湖北省服务业发展平稳，二三产业渐成互动格局，产业服务正向深度、广度发展，产业服务体系呈现逐步健全的发展趋势。

二　湖北省城乡产业一体化发展的经验

湖北省城乡产业一体化试点的基本思路和做法是：以构建符合"两型"要求的产业体系为重点，建立产业结构优化、集群发展的体制机制；以增强企业技术创新能力为重点，建立企业为主体、市场为导向、产学研用紧密结合的技术创新体制机制；以城乡产业相互融合、三次产业互动发展为重点，建立以城带乡、以工促农的体制机制；在体制机制转换中实现产业转型，强化城乡一体化的产业支撑。湖北省推进城乡产业一体化试点的基本经验，主要有：

（一）坚持规划先行，构建统筹城乡产业一体化发展新格局

坚持城乡一体化建设与产业发展同步规划，在规划的基础上研究制定实施方案，明确统筹城乡产业发展的阶段性任务，推进规划组织实施，营造统筹城乡产业发展的良好氛围。例如，鄂州市按照建设生态发展区的要求，进一步优化产业布局，编制完成了《梁子湖区统筹城乡产业发展规划》，沿湖地区以休闲旅游业和生态健康养殖业为

重点,丘陵地区以苗木、花卉、水果为重点发展生态农业和观光农业,梁子岛为核心地区,大力发展生态旅游业,梁子湖下游梧桐湖地区集中发展知识创意、仓储物流、轻工电子、旅游地产业,力争"十二五"期间将梁子湖区建成统筹城乡、生态发展的先行区。根据《梁子湖区统筹城乡产业发展规划》,在深入调查研究、广泛征求意见的基础上,2010年,区委、区政府研究制定了重点推进、示范引领、统筹推进城乡产业发展实施方案,力争经过5—7年时间,将梧桐湖新区、梁子岛生态旅游区、铁贺线樊湖线沿线的14个中心村建成统筹城乡发展示范点。在统筹城乡产业发展中,梁子湖区以东沟镇余湾社区专合组织牵引模式、梁子镇磨刀矶社区服务拓展模式为典范,广泛进行宣传发动,组织开展了"城乡互联、结对共建"、"百企联百村、共建新农村"、"清洁乡村、美化家园"等主题实践活动,凝聚了统筹城乡产业发展的合力。

(二) 做大做强新型工业,引领城乡产业一体化发展

走以"两型产业"为支撑的新型工业化路子,使工业成为带动城乡产业发展的主引擎。围绕实现工业销售总额"双千亿"目标,大力实施"五大工程"(骨干企业培育、高新技术企业发展、中小企业成长、亿元项目引进、全民创业)。在转方式、调结构中,形成多支柱支撑、强抗风险能力的产业体系。改造冶金、建材、装备制造等支柱产业,推动传统产业转型发展。例如,武汉市利用建设"青阳鄂"大循环经济试验区的契机,对重工业进行清洁生产、循环生产、低碳生产的"两型"化改造。发展生物医药、电子信息、新能源、新材料等新兴产业,打造引领未来发展的先导产业和支柱产业。借助武汉的科教优势,引导企业与院校建立产学研用结合机制,提高企业技术创新能力。

(三) 做大做强都市农业,促进城乡产业一体化发展

发展都市农业,加速传统农业向现代农业转型。其主要做法

是：培育壮大水产、苗木、畜禽、蔬菜四大支柱产业,加快发展以特色水产为重点的育种、养殖、加工、营销一条龙的产业链。引导工商资本进入农业领域,培植龙头企业、农业品牌、特色农产品加工园,显著提升农业产业化水平,促进农业增效、农民增收。如鄂州市放大绿色资源优势,快速发展现代农业。充分挖掘本地山水资源,大力推进"一乡一业、一村一品"建设,为企业打造"第一车间",加快工业与农业融合互动。建成30万亩水产健康生态板块基地、10万亩优质林果基地、300万只优质蛋鸡养殖基地,发展农产品加工企业135家(其中全省农业产业化重点龙头企业2家),培育各类农民专业合作组织92家。继"神凤凰"牌薯产品等八种农产品获取绿色食品认证,新增"梁湖碧玉","沼山胡柚"两个全国绿色品牌。

(四) 做大做强现代服务业,融合城乡产业一体化发展

建设产业园,大力发展生产性服务业,构建产业服务体系。依托梁子湖等湖泊生态资源,吸引旅游、创意、研发等现代企业入驻,发展绿色集约高端产业集群。依托长江深水岸线资源,引进战略投资者,开发武汉新港三江港区,推进交通业和物流业综合发展。依托特色农业资源,在沿路、沿湖、沿江开辟特色果园、花圃、鱼池等观光农园,促进城乡产业融合发展。

大力发展生态旅游、乡村旅游。如鄂州市高质量建设梁子岛生态旅游区,以增强旅游区辐射带动发展、转移聚集人口为目标,通过市场和财政引导性投入,推进省级梁子岛生态旅游区基础设施建设和旅游功能完善。近三年梁子岛生态旅游区先后投入6.5亿元进行旅游功能设施建设,完成和正在建设项目25项,面貌发生了较大改变。目前,梁子岛生态旅游区成功晋级为国家4A级旅游景区,梁子镇正在创建"湖北省旅游名镇、全国环境优美乡镇、全国特色景观旅游名镇"。

（五）注重产镇融合，带动城乡产业壮大提升

大力发展特色产业，通过特色产业的发展，发挥资源、交通、区位优势，为城镇化发展提供强有力的经济支撑。发展个体经济，引导农民向城镇有序流转和聚集。充分利用公共投资的导向作用和基础设施的带动作用，引导乡镇企业向小城镇集中，发展一批产业集聚、集约经营、规模经济明显的工业园区和特色产业区。高度重视服务业的发展，提高城市对劳动力的吸纳消化能力。鄂州市抢抓推进城乡一体化向纵深发展，高强度打造特色镇和新型社区两个投资平台的政策机遇，突出梦里水乡、山寨人家特色，高起点、适度超前做好城镇规划，加快基础设施建设，促进人口集中居住、产业集群发展、要素集约利用。通过多方筹措资金，2009年以来，全区开工集镇、新型社区基础设施项目98项，共投入建设资金1.7亿元，道路、绿化、给排水、污水处理、垃圾处理、社区服务中心等基础设施逐步配套。

（六）加强园区建设，打造统筹城乡产业发展新平台

在城乡一体化发展过程中，注重生态保护，注重发展节能环保产业。大力促进工业的集中发展，以利于集约利用土地资源、节约基础设施投入和形成产业集群，有利于增加产业集中区的经济辐射和带动能力，有利于减少污染，解决环保问题。鄂州市坚持把梧桐湖新区作为统筹城乡发展的龙头来培育，作为聚集产业、聚集市场的主阵地来打造，不断强化新区人口、资金、技术、信息等各种要素汇聚的枢纽与孵化器功能。2009年4月，梁子湖区与湖北省联合发展投资集团有限公司签订战略合作协定，按照知识创意城定位共同开发35.6平方公里的梧桐湖新区，有力地加快了梧桐湖新区建设步伐。目前，新区"三纵，三横，一环"路网基本成型，对接武汉东湖高新区的凤凰大道建成通车，总投资规模超过50亿的梧桐湖体育运动休闲中心及会所、高山湖水乡小镇、大舜睿城城市花园等九大项目开工建设。

2010年新区吸纳入园企业7家,年上缴税金2000万元。预计到2015年,新区入园企业将达到80家,年上缴税金1亿元,新区反哺农业的经济实力大为增强。

(七)因地制宜,实施城乡产业一体化的差别战略

放大生态资源优势,突破发展旅游产业。例如,梁子湖区依托良好的自然生态环境,成功开发了高尔夫高端休闲、"渔家乐"、"农家乐"、生态农庄、沿湖观光等特色鲜明旅游线路,新建了梁子高尔夫、武大国家水生植物园、梦天湖生态山庄等一批景点和长岭旅游码头、梁子岛环湖栈道等重要旅游设施,发展大小宾馆、农家旅店217家,吸纳农村劳动力4000多人从事旅游业、餐饮业、休闲娱乐业。2012年,全区实现旅游综合收入3亿元,同比增长25%,通过旅游带动农民人均增收230元。

放大人力资源优势,加速发展来料加工业。例如,发挥梁子湖区人力资源丰富,价格较低,素质较高,培训实力较强优势,积极承接东部地区服装加工、鞋袜生产、电子产品生产制造等劳动密集型企业转移,大力培植市场主体。2009年以来,成大制衣、忠康制衣、苏星制衣等17家劳动密集型企业落户梁子湖区。2012年,全区实现来料加工加工费9370.78万元,提供就业岗位5000多个,近4000多名农民实现就近就业,实现农民"洗脚上岸、洗脑进城"。

(八)坚持创新机制,激发统筹城乡产业发展新活力

构建全民创业的激励机制。进一步完善《梁子湖区大力鼓励全民创业的若干意见》,引导民间资本围绕本地优势资源、优势产业和优势企业进行产业配套,延伸产业链条,大力发展小配件大配套、小门店大市场、小资本大聚集的经营模式。每个乡镇都建立农民创业园,同时设立创业扶持专项资金和小额贷款担保基金,支持能人创业。2012年,全区共发展各类市场主体818户,其中内资企业113户,私营企业112户,农民专业合作社43户,个体工商户550户

(含种养殖业 221 户、农村经纪人 18 户），同比分别增长 17%、19%、11%、14.5%、13.8%。

构建规范有序的土地流转机制。鼓励农民在"依法、自愿、有偿"原则下，采取转让、转包、互换、出租、反租倒包、股份合作等方式，流转土地 6.3 万亩，加快了土地向特色产业、重点区域集中，加快了农业规模化生产、集约化经营、产业化发展步伐。

构建捆绑项目资金的投入保障机制。按照"项目集中、资金整合、各计其功、形成合力"的原则，加大涉农项目资金整合力度，提高资金使用效益。继续实行板块基地建设、农业产业化发展等"以奖代补"政策，新增农业补贴适当向种粮大户、农民专业合作社倾斜，促进了资源要素向农村配置。

（九）重大工程引导，推进城乡产业一体化发展

湖北省着力解决农民群众生产生活中最迫切、最期盼解决的突出问题。"三万"工程成效显著。2012 年全省 11 万多名干部，1.5 万个工作组，深入 2.6 万个村，和农民群众同吃同住同劳动。全省共投入资金 80 多亿元，整治小型水利设施 30 余万处，新增蓄水能力 7.5 亿立方米，改善了 650 多万亩农田的灌溉条件。

"四个一批"工程，破解农企"多而不优、大而不强"困局。湖北省委、省政府于 2009 年决定：省级财政拿出专项调度资金 20 亿元，并每年安排 1000 万元奖金，加大对重点县市、专业园区、龙头企业的支持力度。使农产品加工业走上超常规、突破性发展道路。2012 年，农产品加工业产值与农业总产值之比，由 2008 年的 0.85：1 有望提高到 1.9：1，年销售收入突破 100 亿元的专业园区新增 3 家，百亿元龙头企业达到 2 家。

"五位一体"战略，力促农科教深度融合。依托一个龙头企业，建立一片生产基地，组建一个科研团队，搭建一个融资支持平台，落实一个"保姆式"的政府服务部门，建立农科教、产学研深度融合的有效联接机制。全省农业科技优势明显，但农科教、产学研结合不

够紧密。为此,全省出台《关于加快构建农业科技产业链的实施意见》,重点围绕12个优势农业领域,突出粮油、畜禽、水产、林特、棉麻、果茶加工等6大产业,实施"五位一体"战略。目前,全省已设立每年1亿元的农业科技产业链发展专项资金,粮食、酿造、食用油、水产品等10条省级重点农业科技产业链构建实施方案已经形成,选定了14家牵头企业,与22家国家、省、市级科研院所及11家金融机构建立了合作关系。

创新"六大机制",增强现代农业活力。湖北省强化顶层设计,着力创新"六大机制",全省"三农"发展统筹协调和系统谋划的能力步步加强。其一,创新综合考评机制。其二,创新领导机制。建立省领导和省直部门对口联系帮扶制度,加强市县乡"三农"领导干部培训和优秀中青年干部选拔培养。其三,创新协作机制。建立健全党委统一领导、党政齐抓共管、部门各负其责的协作机制,形成强大合力。其四,创新示范引导机制。先后建立8个层面的新农村建设试验区,涵盖全省56%的乡镇。其五,创新改革试验机制。设立"省级农村体制机制改革试验联系点",选择10个县市区整县推进。其六,创新联系群众工作机制。建立起联系群众的长效机制。

(十) 试点先行,逐步推广

为进一步探索不同类型地区城乡一体化的路子,加快推进湖北省城乡一体化进程,湖北省委、省政府在继续深入推进鄂州市城乡一体化试点工作的同时,将仙桃、洪湖、监利、宜都、大冶、掇刀6个市(县、区)纳入全省城乡一体化扩大试点范围。至2012年,湖北省城乡产业一体化发展试点成效已初步显现,表现在:

1. 部分试点地区成果显著。

2008年湖北省委、省政府作出在鄂州市开展城乡一体化试点工作的决策部署后,鄂州市积极构建以主城区为中心,3座新城为支撑、10个特色镇为节点、106个中心村(新社区)为基础的四位一体城镇体系。在建立百里长港示范区基础上，通过规划引导、迁村腾地、项目拆迁、城中村改造、产业培育、环境整治等，不断创新新农村（新社区）建设模式；城乡一体的"六网"基础设施建设加快推进，以城乡公共服务为主要内容的社会事业加速发展。2012年，鄂州实现地区生产总值560亿元，增长12%，人均生产总值首次超过8000美元，农民人均纯收入达到9072元，高出全省平均水平1220元。

2. 多层面新农村建设试点稳步推进。

仙洪新农村建设试验区逐步深化，目前试验区扩大到36个乡镇，试验内涵从新农村建设扩展到小城镇建设和城乡一体化建设。7个县的山区脱贫奔小康试点初见成效，呈现出部署周密、规划全面、合力帮扶、强力推进、效果初显的良好态势。县市城乡一体化试点加快推进，仙桃市、洪湖市、监利县、大冶市、宜都市、掇刀区等6个市（区、县）纳入全省城乡一体化试点，已经完成试点规划，试点工作开始启动。乡镇新农村建设试点全面展开，启动88个乡镇开展新农村建设试点。"竹房百里城镇带"城乡一体化试验区正式启动，包括竹山、竹溪、房县15个乡镇。总体上看，湖北省目前五个层面的新农村建设试点已经覆盖全省1/3以上的乡镇。

3. 农村经济社会全面发展。

湖北省委、省政府立足当前，着眼长远，以规划为先导，以项目为载体，以创新为动力，以管理为保障，加强以工促农、以城带乡推动力度，有力地推动了全省城乡一体化建设，农村经济社会呈现良好发展态势。如前所述，2012年，全年生产总值跃上2万亿元新台阶，在全国的位次又提升了1位，人均生产总值超过6000美元，站上由中等收入向高收入水平迈进的新起点。现代农业加速发展，粮食产量五年增加51.4亿斤，襄阳跻身百亿斤产粮大市，淡水产品、油菜籽产量继续稳居全国第一；农产品加工值与农业总产值之比由0.8：1提高到2：1。农业基础建设取得新进展，农村路网、水网、电网以及广播电视网基本形成。农村民生有了新改善，农村社会事业加快发展。特别值得瞩目的是，农产品加工实现新突破，2012年全省规模以上农产品加工企业销售收入超过9000亿元，同比增长33.4%，农产品加工业一跃成为湖北第一支柱产业，标志着湖北工业与农业的互动上升到新的台阶。

三 湖北省城乡产业一体化发展面临的挑战

湖北省城乡一体化发展，从试点到全省全面展开，在产业一体化发展中取得了显著成效，一二三产业结构趋向合理，服务业明显增强；产业规模逐渐扩大，且技术层次有所提升；龙头企业不断增多，精品名牌开始显现；产业基地逐渐扩大，规模效益有所增强。但是，针对湖北省2001至2011年产业发展的规模和成长性分析，以及城乡产业一体化协同性分析，其结果显示，湖北省城乡产业一体化发展仍存在诸多问题，面临许多挑战。主要表现在以下几个方面：

（一）城乡产业一体化发展"整体"性不够

城乡产业一体化的关键是"一体化"，就是指多个原来独立的城乡产业通过一定方式结合为一个单一的"整体"的过程。要求"整体"一起发展，"整体"协调发展，而不是借此兴彼，更不是借此抑彼。湖北省城乡产业发展"整体"性不够，主要表现在：一是一些地方在推进城镇化的过程中，偏重城市规模扩张和新城建设，无视人口变动规律，只注重基础设施建设而忽视产业发展，导致城镇"房地产化"和有城无业的"空心化"。二是部分地区"城"和"乡"产业分隔，关联度不强，农业、工业缺乏协同性，服务业发展落后。三是省内地区之间产业缺乏关联，协调性不够，产业趋同性高，存在恶性竞争的现象。四是主导产业、优势产业、基础产业之间缺乏协调发展。五是产业发展缺乏规划，盲目发展。

（二）城乡产业结构有待进一步优化

湖北省目前正处于工业化的中期至中后期阶段，现代产业体系初步形成，产业结构尚待进一步优化，产业转型升级速度有待加快。目前，第一产业比重仍然较大，第二产业还不够强，二产中偏重轻轻明显，三产发展还不够。2012年全省第二产业增速同比回落了4.7个百分点。新兴制造业、高新技术产业还处于发展初期，传统产业升级的任务艰巨。现代服务业发展不足。2012年全省服务业占GDP的比重为36.9%，比全国平均水平（44.6%）还低了7.7个百分点。传统服务业比较突出，其中交通运输仓储和邮政业、批发和零售业、住宿和餐饮业累计就占到了38.2%，而属于现代服务业的金融业和信息服务业，仅为10%和5%，处于低层次结构水平。

（三）城乡产业层级有待提升

部分地区存在重工轻农的现象，农业龙头企业不足，名牌精品不多，在农产品精深加工和农业产业链延伸上，没有形成产业集群，对地区农业发展带动不够。部分地方发展的工业，科技含量有限，技术层次不高，属于高耗能高污染行业，对当地农业发展和生态环境构成严重威胁。有的地区产业特色不够鲜明，与当地其他产业关联度不大。园区建设规划不够，发展失衡。主要表现在：一是部分地方盲目大规模建设园区，导致大量土地闲置浪费；二是较多园区项目的技术水平偏低、规模小，缺乏规模效益，管理不够规范；三是各园区之间为吸引投资，恶性竞争，部分园区功能定位趋同。

（四）城乡产业服务体系有待健全

为产业服务的相关金融服务、科技服务、技术服务、市场服务、管理服务体系还不够完备，有待健全、完善。要进一步健全农业社会化服务体系，发展新型农村合作金融组织。构建为产业发展服务的金融、信息、科技、管理、市场体系建设。

(五)城乡产业发展环境亟待改善

各地政府在发展地方经济,招商引资的积极性都很高,但具体到为产业发展服务方面,又存在支持不够,服务不到位、政策不配套、管理不完善的诸多问题。需要营造一个更适应市场经济运行的投资环境和产业发展环境。城乡产业一体化,是一个新的发展思路、新的发展模式,要遵循产业发展规律,不可能一蹴而就,要通过长期不懈的努力,长期科学地发展。

四 湖北省城乡产业一体化发展的路径选择

(一)湖北省城乡产业一体化的动力机制

我国城乡产业一体化的发展动力来源于农业产业化和新型工业化两个方面,其中农业产业化是基础动力,新型工业化道路是核心动力。通过农村创新农业制度和技术创新,城市探索资源节约型和技术密集型工业道路,共同推动我国城乡产业一体化的和谐发展。农业产业化和新型工业化同样是湖北省的城乡产业一体化发展的动力源泉。

作为农业大省,湖北省的农业发展对全省的经济、社会至关重要,更是实现城乡产业一体化的基础。湖北省的农业产业化道路要构建起农业、农村、农民与市场经济的桥梁,既要顺利进行好小规模的经营,也要顺应大市场的发展需求,实现农业的规模经营,带来可观的经济效益。我国的农业面临着来自自然和市场的双重风险,并长期缺乏政策的倾斜,加之我省存在农业基础薄弱、发展缓慢,以及难以独立实现转型等现实条件,城乡一体化发展必须充分发挥农业和农村的基础性作用。另一方面,湖北省的新型工业化是实现城乡产业一体化发展目标的关键动力。在经济全球化的时代背景下,城市化成为了必然趋势,良好有序的城乡工业关系也是推动城市化以及城乡统筹的必要保证。建设新型工业化道路,首先要积极推动生产结构从劳动密集型向技术密集型和资本密集型转变,加快新型工业化的步伐;其次，构建新型工业化体系，强调创新发展，融合发展，走经济、高效、节约和生态的工业化道路；最后，新型工业化道路要适应信息化和知识化的要求，以信息和知识引导工业化发展。新型工业化道路是统筹城乡工业化发展必经阶段，是助力农村城镇化发展、农民市场化成长、农业技术化转型的重要力量，进而实现城乡产业的协调发展。

（二）湖北省城乡产业一体化的发展策略

湖北省的城乡产业一体化发展要突破传统的思维观念，打破工业农业分离的框架，坚持城乡统筹的根本方针，协调一、二、三产业的格局，形成城乡经济社会的良性互动。针对湖北省城乡产业发展的实际情况，统筹城乡产业发展可以从以下几个方面着手。

1. 实现城乡产业间的良性转接。

在坚持一、二、三产业"科学布局、合理分工、优势互补、联合发展"指导思想下，湖北省的城乡产业一体化必须实现城乡产业间有序转移和承接，逐步实现国内城乡产业的阶段性转移，重视国内外产业的转接。

第一，逐步实现城市产业向农村产业的转移。技术密集型和资本密集型企业是城市发展的核心力量，也是发达国家向我国进行产业转移的结果。除了国内外的转移，湖北省的城市产业还应该将劳动密集型产业向郊区地区和广大农村地区转移，充分发挥农村的劳动力优势，进而实现资本、劳动力乃至技术的流动。在新农村企业建设中，加大引进城市产业，特别是信息产业、科研产业、金融产业等服务业，构建信息化、科技化的新型农村。另外，政府要加大对农村资本的支持程度，积极鼓励城市资本向农村的自由流动，增加农村发展中的工商资本和民间资本力量，扩大二、三产业的比重，丰富农村产业的多元化发展。

第二，农村产业有选择的承接城市产业。计划转移的城市产业多为不再适合在城市发展、经济效率有限的产业，将它们向农村转移实质上是为其寻找新的发展平台。面对城市转移过来的产业，农村产业任务艰巨。农村地区要认清自身的产业优势和条件，了解不同产业的共性和特性，设计针对性的发展策略；要站在战略高度，积极推动乡镇企业的创新发展，重视第三产业的发展，加大对技术密集型和资本密集型企业的重视力度，以适应城市产业的发展格局，形成城乡分工明确，区域特色明显，资源优势充分发挥的产业格局。具体来说，一方面，要考虑转移产业自身的生产能力以及所处的发展阶段，创造适合其发展的环境；另外对于处在不同发展阶段的产业制定不同的发展战略，对于基础较差的产业，继续重点培养劳动密集型产业，以此作为未来产业结构转型的基础；对于有一定发展成果的产业，可适当进行产业承接，适当引进技术密集型产业和资本密集型企业；对于发展较为成熟的产业加快产业化进程，以城市化标准来进行产业升级。

第三，统筹国内外城乡产业发展。统筹城乡发展不仅仅是湖北省范围内的目标，也不是全国性的目标，应该放在国际化视野中实现国内外城乡的统筹发展。湖北省的城乡发展中面临的资金、技术、资源和管理等方面的问题，通过产业结构调整和优化升级与国外接轨，借助全球化的信息和市场条件，为湖北省的城乡产业一体化提供环境和资源帮助。因此，城乡产业发展还应该将城乡市场发展到国外，提高技术创新和自主成长能力，提升城乡经济的对外开放水平。

2. 加快培育城乡间的关联产业。

湖北省的城乡产业各自的独立性强，相互间的关联性不强是城乡发展失调的重要原因。从根本上说，统筹城乡发展的最终目标是通过城乡间的良性互动实现城乡间的资源最优配置。统筹城乡产业发展就应该加快城乡间的产业聚集，加快培育城乡之间的关联产业。从整体上来说，在城乡产业关联发展中，要建设城乡产业间的协作系统，在空间上形成农村与城市、第一、二、三产业、农业与工业、服务业之间地域结合，以产业为桥梁形成城乡之间的有机联系。具体来说，政府要从宏观调控来制定整体性的城乡关联产业发展规划和政策，通过农业、工业和服务业之间的强强联合促进农业加工业的结构升级，延伸农村的产业链条，从而探索出一条经济效益高，城乡发展联动性强的新型产业化道路。

3. 充分发挥城乡产业的特色。

统筹城乡发展并不是城乡产业一致化发展，而是充分利用各自的优势实现资源和要素的互补，建立城乡要素有效流动的协调互助发展机制。城乡统筹发展离不开城乡各自的特色优势，通过城乡产业的互补性发展以城带乡，以工促农。一方面要以创新的制度和思路加大对三农产业的扶持，大力发展县域特色经济。县域经济是农村产业化发展的重要环节，是统筹城乡经济发展的切入点。另一方面，城市产业则要重视资金、资源、技术、信息和劳动力的要素能力，根据城市自身的特色划分主导产业，并且充分利用高校及科研所带来的技术优势，寻找高科技产业的发展潜力。

4. 探索城乡特色产业集群道路。

在统筹城乡特色产业道路的基础上，必须坚持科学发展观，努力培养特色的产业集群，走集约化的产业之路。传统的高能耗、高污染工业道路不再适用构建和谐社会和建设社会主义新农村的大环境，集约化的工业道路要求实现产业的内聚外引，工业农业联合，推进关联企业的集群发展，实现城乡产业的资源、信息和知识共享，走高科技的城乡特色的集群化道路。

五 湖北省产业一体化发展的对策建议

城乡一体化涉及经济、社会、文化和生态等方方面面，规划性、政策性强，时间跨度长，工作难度大，是一项社会化、系统化的大工程。因此，城乡产业一体化发展要以科学发展观为指导，以市场为导向，以企业为主体，以科技创新为着力点（重点），以健全体制机制为保障，健全服务组织为手段（途径），推动城乡产业一体化与信息化、工业化、农业现代化的协调同步发展。

（一）重视产业规划，与城镇发展规划同步

目前很多地区产业发展缺乏规划，只重视城镇硬件建设规划，轻视产业发展规划，或产业规划与城镇发展规划脱节。产业是城镇发展的动力和基础，产业规划是城镇发展规划的核心内容。因此，应将产业发展规划纳入城镇总体发展规划中，城镇规划在功能区分与空间布局上应与产业规划形成对接，使产业发展与城镇建设相互协调，促进产业与城镇在空间、结构、配套和功能上的融合。

城乡产业一体化要明确分工，城乡不搞重复建设，协作地区也尽量不搞重复建设，建立联动机制，在不同城乡产业门类之间相互支持，相互配合，协同发展。一是要通过城乡产业规划一体化，集中发展特色优势产业，从完善城镇功能和加快城乡经济一体化发展出发，按照节约发展、效益优先的原则，进一步调整和优化城乡产业结构和布局；二是产业规划与城镇发展规划要一体化，与城镇建设规划要一体化，以促进城乡产业的一体化发展，最终实现城乡一体化。

规划是行为的先导和指南，是最基础、最基本的工作。要以促进城乡产业互动为导向，推进城乡产业科学布局。推进城乡产业一体化发展，就是要根据当地的区位状况和资源禀赋，按照集约发展、特色发展、错位发展、协调发展的原则，优化城乡产业布局，制定完善城乡产业统筹发展规划，明确城乡产业发展方向。为此，规划中至少要体现以下几个方面的思路：要体现产业先导的理念。树立"产业第一"的理念，将产业发展作为重中之重。在政策措施、工作力度和推动成效上体现产业优先发展的战略思想；要体现城乡产业联动的理念。摒弃传统的城乡产业各自为战的观念，树立城乡一体的整体观念，组建城乡合一、集群发展的产业"航母"；要体现产业互促的理念。推进城乡产业一体化，其实质就是促进城乡产业互动互融，加强城乡产业链条延伸对接，推动城乡产业整体发展；用现代工业理念提升农业产业化水平，以特色农业的发展促进二三产业升级，以现代服务业的发展推动三次产业融合，形成三次产业相互促进、联动发展的

良好态势；要体现功能分区的理念。要按照城乡功能定位，进一步调整和完善城乡产业布局，努力构建城乡产业发展的空间布局。

（二）扶持龙头企业，引领现代农业发展

从农业发展历史来看，农业生产分为原始农业、传统农业和现代农业三个阶段。现代农业的发展过程就是传统农业和不发达农业转变为现代发达农业的过程。现代农业具体表现在五个方面：一是现代化的农业技术装备和较高的投入水平和产出水平；二是高效能的农业产前、产中、产后服务部门的支撑，和效益相对较高的非农产业需求的支撑，并采用现代营销方式，提高农产品商品率；三是现代化的农业技术水平，如生物技术、化学技术等，有一定科学文化素质和经营管理才能的农业劳动者，农民的收入水平接近城市居民水平，生活、居住方式城乡一体化；四是农民组织结构的改善与优化，尤其是通过农业产业化，形成较高的农产品加工增值率；五是有良好的农业资源生态环境并有较高的资源转化率。因此，要大力扶持农业龙头企业，深化农村土地制度改革，发展多种形式规模经营，扶持发展新型农业经营主体，健全农业社会化服务体系，加快供销合作社改革发展，构建农业服务体系，建立农业资源优化配置制度，提高农业劳动生产率，促进现代农业的发展，以实现城乡一体化发展。调整优化现代农业结构和布局。以"土地向规模化集中"为导向，按照规模化生产、区域化布局、产业化经营、规范化管理的要求，促进农业经济结构的调整和优化，加快农村经济增长方式的转变。

（三）以新型工业化，促城乡产业一体化

新型工业化是以信息化带动工业化，以工业化促进信息化，大力发展科技含量高、经济效益好、资源消耗低、环境污染少、人力资源优势能得到充分发挥的工业化道路。湖北省在推进城乡一体化发展时，一定要大力发展高新技术产业、节能环保产业。在推进新型工业化时，不仅是工业本身的发展和技术水平的提高，还要通过新型工业

化发展，实现农业现代化和第三产业发展引领的产业结构优化调整、城乡结构的优化调整和分配结构的优化调整。

资源要素节约集约利用是城乡一体化发展的必然要求。一方面，要推动城乡稀缺资源特别是创新要素向新型产业集中，创造新的经济增长点；另一方面，要加快探索和建立要素向优势产业集中集聚的激励机制，提高优势产业的投入产出水平。

以新型工业化带动新型城市化。按照"资源节约、环境友好"的发展思路，加快新型工业化步伐，以园区促进企业集聚，以产业集聚促进人口集聚，加强三大产业融合，促进农民向非农化转变，促进农业向产业化转变，降低农业人口数量，提高农业生产效率。具体讲，要高度重视新一轮产业变革中蕴藏的长远机遇。当前，我们正面临着以智能制造、绿色能源、数字服务为特征的新一轮产业变革。湖北省是科教大省，要在新一轮产业变革中走在前列。智能制造更多的是对现有技术的集成和应用，在这方面湖北省有良好的基础和条件，要着眼长远，积极谋划，将其应用于改造劳动密集型产业。要加强生态文明建设和环境保护，顺应人民群众对美好生活环境的期待，发展绿色产业、调整经济结构、推进资源节约，改善生产生活环境，用实际行动让人民群众看到希望。数字服务正改变着我们的生活，我们要积极发掘数字服务的新机遇。另外，湖北省要树立城乡一体的统筹观念，以促进城乡产业融合为导向，组建城乡联动、集群发展的产业"航母"，推进城乡产业科学布局。要用现代工业理念提升农业产业化水平，以水产、畜牧、蔬菜、林果等为重点，建设一批农产品基地、龙头企业、特色园区和批发市场，形成三次产业相互促进、联动发展的良好态势。要着力推动资源要素向农村配置，按照总量持续增加、比例稳步提高的要求，不断增加三农投入，推动社会资源、金融资本向农村流动，推进城乡产业可持续发展。

（四）增强工业园区功能，推进产业集聚发展

引导工业项目向新城和园区集中，大力开展骨干企业培育、高新技术企业发展，支持中小企业成长引导等工程，形成企业集中、产业集群、

人口集聚的综合效应，降低园区企业成本和园区基础设施建设成本，提高园区综合效益。引导同类产业向专业园区集中，这样，有利于延伸产业链，壮大核心产业，打造特色产业，发挥产业集群效应，通过共享园区设施，实现集约发展，有利于环境保护和循环经济的发展。

要统筹安排重点产业和布局，按照集约发展、效益优先、生态环保的原则，进一步调整和优化城乡产业结构和布局，促进城乡三次产业的有机融合、协调发展。引导特色、优势产业向园区集中，发挥地区比较优势，建立各具特色的产业基地、工业园区和开发区。

以工业园区建设为载体，推进产业集聚发展。工业园区是推动生产要素集聚、促进特色优势产业发展、承接发达地区产业转移和促进对外开放的重要载体。要按照科学规划、市场导向、产业集聚、创新发展的原则，规划好各类工业园区。重点是加强园区基础设施建设、办特色园区、加强园区转型升级和加强园区管理。为此，建议突出科技创新，如：加快企业信息化建设，以信息化促进工业化。鼓励企业加大投入，扩大生产规模，提升产品档次。鼓励和支持企业开展技术改造、申报高新技术企业、高新技术产品和知识产权，大力实施名牌战略。对特色产业、优势产业、高新产业，在资金扶持、土地利用、税收优惠等方面给予倾斜，为产业发展提供有力政策支持。

着力培育特色产业与县域经济产业集群。立足各地优势，培育特色产业，壮大产业规模，提升产业层次。着力培育一批集中度高、关联性强、特色鲜明、竞争优势明显的县域经济产业集群。把推动工业园区、服务业园区建设与城市新区建设结合起来，完善基础功能和公共服务体系，着力打造体制创新平台、对外开放载体、产业转移基地。调整优化农业和农村经济结构，大力推进农业产业化经营。放手发展民营经济，大力培育市场主体。实施开放先导战略，加大招商引资力度，建立招商引资激励机制。继续扩大县（市、区）经济社会管理权限，建立县（市、区）财力稳定增长机制。大力实施中小企业成长工程，加快建立以省中小企业担保公司为依托的中小企业信用担保体系，继续支持100家重点中小企业和100家民营排头兵企业发展壮大。在全省选择50家规模较大、成长性好的民营企业进行"直通车"服务,促其做强做大。湖北省财政继续安排县域经济发展财政专项资金,支持县域经济加快发展,使其成为承接农村劳力转移的主体。

(五) 以新型城镇化,推进城乡产业一体化

城乡一体化,产业发展是核心、是关键,城乡互动的起点是产业互动,城乡互促的关键是产业互促,城乡融合的基础是产业融合。因此,湖北省推进城乡产业融合,还应以城镇化建设为驱动,推进三次产业协调发展。当前产业布局总体上存在城乡产业自成一体,关联度不高;三次产业竞相发展,互融性不强;城区产业发展快,农村产业发展慢,互促性不够。这种城乡分割的产业格局,导致大工业与大农村并存,农村与城市的发展不协调,城乡差距、工农差距拉大。小城镇是统筹城乡发展的空间枢纽,是二三产业发展的重要载体,也是实现一二三产业对接的空间节点。加快发展小城镇,推动城镇化进程是发展第三产业最有效的途径之一。为此,建议加大政策扶持力度,如:推进公共财政制度改革,加大以工哺农、以城带乡的财政转移支付力度,财政资金用于农村建设的比重逐年明显增加。整合各类支农专项资金,集中用于重点涉农项目。加大财政、金融和专项资金对工业发展的扶持力度,通过贴息、补助、奖励等方式支持主导产业和高成长性中小企业发展,进一步健全中小企业贷款担保体系,大力支持骨干企业新发、增发股票和债券。制定和完善加快服务业发展的政策措施和具体扶持办法等。

(六) 发展现代服务业,完善产业服务体系

实现城乡产业一体化发展的根本路径,是通过城乡一体化的产业规划,一体化的产业政策、产业信息、产业服务、产业活动,建立城乡产业一体化协调机制,使城乡产业相互沟通来实现的。因此以发展现代服务业为重点,统筹城乡产业发展,促进城乡资源要素合理流动和优化配置,构筑空间布局合理、资源深度整合、区域特色明显、三次产业联动的产业发展新格局,完善产业服务体系。要建立一体化的交通中心、信息中心、电力能源等基础设施,完善金融、物流、人才服务、科技服务体系,构建一体化的土地流转市场、资金市场、商品市场、人才市场等。

优化服务业机构,扩大服务业规模,全面提升服务业发展水平。加快发展金融保险、现代物流、信息服务、科技咨询、研发设计、文化创意、服务外包等生产性服务业,促进现代服务业与制造业互动发展。运用网络技术,特别是互联网技术,推进流通现代化。积极发展社区服务、商贸流通和社会养老等面向民生的生活性服务业。积极发展文化体育会展等新兴服务业,建设一批有竞争力的动漫游戏、新闻出版、健身娱乐和竞技表演等文化体育产业基地。从完善产销、科技、信息和金融等农村社会化服务体系入手,大力发展面向农村的服务业,改善农民生活条件。充分发挥旅游业资源消耗低、综合效益好的优势,加快旅游景区和精品线路建设,壮大旅游龙头企业,培育一批各具特色的旅游城市和旅游名镇名村。扩大服务业对内对外开放,放宽服务业行业准入,深化服务业领域改革,落实服务业的税收扶持政策,加强对服务业的用地支持,完善服务业价格政策,拓宽服务业融资渠道,充分发挥服务业在优化产业结构和聚集就业人员方面的重要作用。

以提供优质服务为抓手,推进产业发展环境创新。推进城乡产业一体化,要有良好的发展环境作支撑。要提供优质服务,创建良好的人文环境。为企业提供"保姆式"的服务,做到引得进、安得下、发展得起来。制定优惠政策,创建良好的政策环境。为此,建议:牢固树立环境是发展的"第一要素"的理念,把优化环境等同于发展生产力、提高竞争力来常抓不懈。积极转变政府职能,强化服务意识,不断提高政府工作效率和服务水平。不断深入开展"环境优化年"活动,不断优化政务、法治、人文、生态、市场、金融和政治生态等7个方面环境。

(撰稿人:董利民、叶桦)

专题四

湖北省城乡基本公共服务均等化研究

基本公共服务均等化是城乡经济社会发展的一个重大政策导向，是调控收入分配差距、促进社会公平正义、保障社会稳定和秩序、提升全体国民福利水平的一种制度化手段和机制。如何运用基本公共服务均等化的制度化手段和机制推进湖北城乡经济社会的发展是一个值得高度重视的研究课题。为此，我们深入武汉、鄂州、黄石、大冶、荆门、宜昌、襄阳、十堰等地，进行了历时近一年的实地调研，同时，2013年暑假研究院的老师们带领学生深入城镇农村，进行问卷调查，获得重要的第一手资料，以对湖北省推进基本公共服务的现状、经验、问题和对策进行分析。

一　推进城乡基本公共服务均等化实现公平正义

"公共服务均等化"是2005年党的十六届五中全会提出的重要理论命题，也是党的十七届五中全会和党的十八大提出的重要发展目标。经过改革开放后35年的发展，我国已经跨入中等收入国行列，国民民生诉求在发展中全面提升，推进基本公共服务均等化是统筹城乡发展、完善政府职能的关键内容和实现正义、保障国民共享发展成果的必要举措。

关于如何实现基本公共服务均等化，党的十八大报告从中国社会建设的战略高度进行了系统地阐述。概述如下：

第一,报告将基本公共服务均等化作为我国全面建成小康社会的重要目标。在"人民生活水平全面提高"目标中,十八大报告首先强调的是"基本公共服务均等化总体实现",并对基本公共服务建设作了具体部署:"加快形成科学有效的社会管理体制,完善社会保障体系,健全基层公共服务和社会管理网络,建立确保社会既充满活力又和谐有序的体制机制。"

第二,报告指出实现基本公共服务均等化是建设社会主义市场经济、转变经济发展方式的重要手段。在"全面深化经济体制改革"目标中指出,要"健全中央和地方财力与事权相匹配的体制,完善促进基本公共服务均等化和主体功能区建设的公共财政体系";在"推进经济结构战略性调整"目标中,指出要"努力实现城镇基本公共服务常住人口全覆盖";在"推动城乡发展一体化"目标中,指出要"加快完善城乡发展一体化体制机制,着力在城乡规划、基础设施、公共服务等方面推进一体化。"

第三,报告指出应将提供优质公共服务作为推进政治体制改革的重要方向。在"坚持走中国特色社会主义政治发展道路和推进政治体制改革"部分,将"推动政府职能向创造良好发展环境、提供优质公共服务、维护社会公平正义转变"作为"深化行政体制改革"的重要内容。

第四,报告明确将基本公共服务均等化作为改善民生、创新社会管理的重要方面。"在改善民生和创新管理中加强社会建设"部分,指出"必须从维护最广大人民根本利益的高度,加快健全基本公共服务体系,加强和创新社会管理,推动社会主义和谐社会建设"。在"加快推进社会体制改革"目标中,指出要"加快形成政府主导、覆盖城乡、可持续的基本公共服务体系"。在"加强和创新社会管理"目标中,指出要"改进政府提供公共服务方式,加强基层社会管理和服务体系建设,增强城乡社区服务功能,强化企事业单位、人民团体在社会管理和服务中的职责,引导社会组织健康有序发展,充分发挥群众参与社会管理的基础作用。"

概言之，党的十八大报告将如何实现"基本公共服务均等化"问题，提升为关系到全面建成小康社会和全面深化改革开放的目标的实现，关系到社会主义市场经济体制的完善，关系到中国特色社会主义政治建设，关系到改善民生和创新社会管理。可以说，加强基本公共服务体系建设，是党的十八大提出的带有全局性、战略性、前瞻性的重大任务。因此，迫切需要站在新起点、新高度上对如何推进基本公共服务均等化进行深入思考。

《国家基本公共服务体系"十二五"规划（2011—2015年）》从狭义与广义两个方面对基本公共服务作了界定。规划指出，基本公共服务范围，一般包括保障基本民生需求的教育、就业、社会保障、医疗卫生、计划生育、住房保障、文化体育等领域的公共服务，广义上还包括与人民生活环境紧密关联的交通、通信、公用设施、环境保护等领域的公共服务，以及保障安全需要的公共安全、消费安全和国防安全等领域的公共服务。规划强调，所谓基本公共服务均等化，指全体公民都能公平可及地获得大致均等的基本公共服务，其核心是机会均等，而不是简单的平均化和无差异化。均等化并不是强调所有居民都享有完全一致的基本公共服务，而是在承认地区、城乡、人群间存在差别的前提下，保障居民都享有一定标准之上的基本公共服务，其实质是"底线均等"，实现公平正义。

由此可知，我国基本公共服务均等化推行的基本层面是：第一层面，区域均等化。中央针对区域之间在经济发展及基本公共服务水平上差距，在《在中华人民共和国国民经济和社会发展第十一个五年计划纲要》中指出，"根据资源环境承载能力、发展基础和潜力，按照发挥比较优势、加强薄弱环节、享受均等化基本公共服务要求，逐步形成主体功能定位清晰，东、中、西良性互动，公共服务和人民生活水平差距缩小的区域协调发展格局"，"健全扶持机制，按照公共服务均等化原则，加大国家对欠发达地区的支持力度"，"财政政策，要增加对限制开发区域、禁止开发区域用于公共服务和生态环境补偿的财政转移支付，逐步使当地居民享受有均等化的基本公共服务"。

第二层面，城乡均等化。针对城乡发展差距，中央明确提出：到2020年，农村改革发展要逐步实现"城乡基本公共服务均等化明显推进，农村文化进一步繁荣，农民基本文化权益得到更好落实，农村人人享有接受良好教育的机会，农村基本生活保障、基本医疗卫生制度更加健全，农村社会管理体系进一步完善"。第三层面，群体之间均等化。在政府主导下，进城务工人员、棚户区住户与特殊贫困户等群体的生活条件都得到了大幅提高，基本公共服务对这些人群的可及性明显增加，换言之，其享受基本公共服务的机会逐步增加，逐步体现公平正义。

湖北的基本公共服务也正是围绕着这三个层面进行推进的。湖北省十二五规划指出，"确定的约束性指标和公共服务领域的任务，是政府对人民群众的承诺。公共服务特别是促进基本公共服务均等化的任务，要明确工作责任和进度，主要运用公共资源全力完成"。基于这一指导思想，研究报告主要围绕公共教育、公共卫生、就业、社会保障、社会救助、住房保障、公共文化体育、公共安全等八项内容进行调研，系统全面地对湖北推行基本公共服务均等化的建设现状、基本经验、基本问题、产生问题的原因及其政策出路等方面做了客观分析。

二 湖北省推进城乡基本公共服务均等化的建设现状

"保障和改善民生"是党和政府工作的主题。湖北围绕民生问题，突出重点，施之于政。近五年，大力调整支出结构，全省民生支出占公共财政预算支出的75.3%，比以往提高10.7个百分点。大幅增加对基础教育、基本医疗、公共卫生、基本社会保障、公共就业服务、基本住房保障、文化体育、交通、道路、水利、电信、信息网络等方面的投入，不断完善城乡义务教育经费保障机制、城乡公共卫生和医疗保障、基本社会保障和基本住房保障体系。体现在以下几个方面。

(一) 突出民生重点,逐步实现基本公共服务均等化

破解中国城乡二元结构的关键,是围绕民生需求逐步实现基本公共服务均等化。民生的改善贯穿于初次分配与再分配的过程之中。改革开放以来,湖北民生的改善极大受益于市场经济改革带来的初次分配收入的迅速增长。完善初次分配仍是改善民生的重要政策方向,而以公共服务为主的再分配愈来愈成为改善民生的重要手段。湖北主要是围绕下面八个领域逐步实施建设的。

第一,解决关键问题,推进教育事业改革与发展。近几年,湖北省不断加大教育经费投入,全省教育支出占公共财政预算支出的比重达到 16.2%,高于国家下达任务 1.2 个百分点。加大政府统筹力度,把发展学前教育纳入城镇、新农村建设规划;建立健全政府主导、社会参与、公办民办并举的办园体制;大力推进义务教育均衡发展,实施"义务教育学校标准化建设工程"、"义务教育教学质量提高工程"、"义务教育学校教师队伍建设工程"、"义务教育学生关爱工程"、"中小学校舍安全工程",缩小校际差距,优化农村教育布局和结构;合理配置教育资源,重点向农村、贫困、民族地区倾斜,促进城乡之间、区域之间、校际之间教育均衡发展,实现教育机会公平。

第二,促进城乡就业,实施就业优先战略和积极的就业政策。湖北省创造就业岗位,调整产业结构,大力发展就业容量大的服务业和劳动密集型产业;改善就业服务,加快建设统一、规范、灵活的人力资源市场,建立完善覆盖城乡的就业服务体系,实现就业信息全省联网,并与国家网相连接,为劳动者提供就业指导、信息咨询、风险评估、创业融资、市场拓展、企业孵化等公共服务;提高就业技能,建立以职业院校为骨干、社会各类培训机构共同参与的社会化职业教育培训体系,全面推行省、市、县三级就业培训制度,城镇失业登记制度;建立城乡统一的劳动力市场及就业体系,逐步消除制约城乡统一劳动力市场建立的制度性障碍,逐步剥离附着在户籍制度上的就业、

入学、培训、医疗、住房、社会保险等城市居民拥有的优惠和特权，使进城就业的农民工能够在统一的劳动力市场中享有公平竞争权。

第三，筑建社保网络，加快完善覆盖城乡社会保障体系。湖北坚持"广覆盖、保基本、多层次、可持续"的方针，努力扩大社会保障覆盖面，稳步提高社会保障标准、统筹层次和保障水平。全省城镇职工基本养老保险参保人数达到1154万人，城乡三项基本医疗保险参保率达到95%。进一步完善城镇企业职工基本养老保险省级统筹，实现医疗、失业、工伤和生育保险市级统筹。加强社会保障信息网络建设，实现社会保障一卡通。农村居民以新型农村养老保险（"新农保"）、新型农村合作医疗保险（"新农合"）方式、五保供养、低保、特困户基本生活救助等形式作为补充。积极发展城乡社区各类居家养老服务，鼓励和支持社会资本以多种形式兴办养老服务机构、投资建设服务设施。大力倡导和发展慈善事业，积极拓展社会互动渠道，不断提升社会福利水平，基本形成适度普惠的新型社会福利事业发展格局。

第四，坚持政府主导，加快实现城乡社会救助全覆盖。近五年，湖北有效保障困难群众基本生活，进一步完善最低生活保障制度，稳步提高农村五保供养水平，逐步建立并完善教育、医疗、司法、康复、住房、就业等专项救助制度；健全突发性灾害等临时救助制度，加强孤儿和流浪人员救助机构设施建设。建立社会救助资金投入与经济总量和政府财力增长之间的内在联动机制，以确保救助对象的生活及时得到保障。建立了政府主导、城乡统筹的社会救助制度，县级以上政府成立社会救助工作领导办公室或领导小组，明确民政、教育、劳动、卫生等部门和各级工、青、妇、残联等社会团体的职责，使民政部门成为社会救助的统一管理机构，市（地）、县（市）民政部门负责行政区域内社会救助工作的组织和实施，总揽各项救助政策，协调同级各部门、各种社会力量的救助行为。街道、乡镇建立了社会救助管理所，形成救助工作平台。大力培育市场主体与民间组织，加大对各类社会组织的扶持力度，鼓励和支持慈善组织、志愿者团体、公民个人等参与公共服务的供给。

第五，探索地方特色，加强城乡居民住房保障制度建设。湖北出台《关于加强城乡居民住房保障工作的意见》，强调采取有效措施努力保障低收入家庭的住房需求的同时，积极探索构建具有地方特色的住房保障体系，即建立了城乡住房保障的服务组织和政策法规体系；实施以廉租住房建设为重点，确保其他住房群体，建立了住房公积金监管服务制度等。全面实施保障性安居工程建设。主要实施以廉租住房、公共租赁住房和农村危房改造等为主要内容的基本住房保障制度建设。在廉租住房保障对象上，全省各地房产、民政及街道的工作人员对辖区的最低收入家庭的住房情况进行了调查，基本掌握了城镇最低收入家庭的人员构成、住房状况；通过统计分析，初步界定了城镇最低收入家庭需要进行住房保障的对象、范围；建立了城镇最低收入家庭住房档案。总之，全省保障性住房达到居民住房总量的15%，人均住房建筑面积16平方米以下的低收入住房困难家庭基本得到保障，开发了《湖北省城镇最低收入家庭住房保障信息化管理系统》，全省市、州、县全部安装到位，并实现全省联网，对全省每一个低收入家庭的住房状况、保障方式等进行监管。

第六，完善健康政策，建立覆盖城乡的公共卫生服务体系。湖北按照保基本、强基层、建机制的要求，推动"健康湖北全民行动"。重点推进医疗保障、医疗服务、公共卫生、药品供应、监管体制改革，完善国民健康政策，为群众提供安全有效方便价廉的公共卫生和基本医疗服务。如湖北省2012年人均基本公共卫生服务经费标准设定不低于25元，省与市县按6：4的比例负担公共卫生服务经费。2012年，中央和省级财政共筹措基本公共卫生补助资金11.67亿元，其中，中央财政补助资金9.64亿元，省级财政补助资金2.03亿元，为湖北省公共卫生服务提供了财力保障[①]。加强卫生业务信息平台建

---

① 数据来源：2012年湖北省国民经济和社会发展统计公报。

设，构建重大传染病疫情和突发公共卫生事件监测、医疗救治、卫生监督执法和突发公共卫生事件应急指挥与决策四大信息系统。加强基本医疗保障制度间的衔接，缩小城乡、地区间保障水平的差距，逐步实现城乡基本医疗保险制度框架基本统一。

第七，拓宽服务渠道，完善城乡公共文化服务供给网络体系。近几年，湖北省文化投入年均增幅超过20%，高于国民生产总值增速。加强省市重要新闻媒体建设，重视互联网等新兴媒体建设、运用、管理，把握正确舆论导向，提高传播能力。省博物馆、省图书馆、省美术馆以及全省各地的爱国主义教育基地等公共文化设施，先后免费对公众开放，公共文化空间快速拓展，为老百姓构筑广阔的、免费的"文化森林"。构建了覆盖市—县—镇—村的纵向公共文化服务供给网络服务，即以市群艺馆、图书馆、博物馆、影剧院等为龙头，以区（市）县文化馆、图书馆等为骨干，以乡镇（街道）综合文化站为支撑，以村（社区）多功能文化活动室为基础的四级公共文化供给网络体系。培育自己独有的地方特色文化品牌，如黄石"矿冶文化节"、荆门"农家乐杯"群文大赛、鄂州"周周乐"广场文艺演出、孝感"传统民间舞蹈展演"、天门"陆羽广场文化活动"等一大批群众文化活动，得到当地群众积极响应和踊跃参与。覆盖广泛、惠及全民的公共文化服务网络体系，被文化部誉为"湖北经验"。

第八，建立安全制度，强化公共社会安全体系和企业安全生产基础建设。近几年，湖北省健全完善了遍布城乡的警务网络架构，根据警力状况和城市与农村治安特点，调整和优化了社区和农村警务区设置；加强和改进了新形势下的信访工作，积极排查化解矛盾纠纷，推进安全生产信息化建设，严格安全准入，全面推进企业安全生产标准化，加强安全生产先进适用技术和新装备、新工艺、新标准的推广应用，建立安全生产责任体系，严格安全生产目标考核和责任追究。建立了重大隐患治理激励约束机制，强化隐患治理，亿元生产总值生产安全事故死亡率下降36%，夯实了安全生产基础，落实了安全生产责任制，健全食品、药品安全监管体系，建立健全社会应急管理机制，有效应对洪涝、干旱、地震等自然灾害、事故灾难、公共卫生、社会安全等突发公共事件，提高危机管理和抗风险能力。

（二）改革财政体制，完善加强公共财政制度建设

1. 调整完善激励型财政机制，推进地区间财政能力逐步实现均等化；实行缓解县镇（乡）财政困难的帮扶政策，有效保障农村基本公共服务投入；探索推进财政体制改革，改善省对县（市）财政管理方式；推进镇（乡）财政管理体制改革，优化县镇（乡）事权财力配置。公共财政制度建设的不断完善为基本公共服务均等化创造了有利条件。

2. 积极构建有利于转变经济发展方式的财税体制，调整和完善财政管理体制，理顺省以下政府间收入分配关系，增强基层政府财政保障能力，提升基本公共服务均等化水平。

（三）转变政府职能，完善公共服务管理体制建设

一是建立网格式的社会管理服务模式。以宜昌市为例。宜昌市按照"三全目标"（社情全摸清、矛盾全掌握、服务全方位），"四级联动"（市—镇、街办—村、社区—网格），"五化运行"（人本化理念、网格化布局、多元化组织、信息化服务、长效化机制）的"345"网格服务管理理念，通过划分块区，在部分村落进行农村网格化管理试点。

二是建立集中开放式政务服务中心。湖北省积极改革基层行政管理体制，通过建立集中开放式政务服务中心为广大居民提供各类公共服务。社区综合服务中心的设置主要包括警务综治室、文体活动中心、计划生育服务中心、广播室、户外健身活动中心及公开宣传栏等，提供社会救助、医疗卫生、计划生育、综合治理调节、劳动保障及便民家政等服务项目。

三 湖北省推进城乡基本公共服务均等化的经验

(一) 革新观念,坚持发展的科学性

"思路决定出路",科学观念是实践的引领。调研湖北省基本公共服务近五年建设现状,最突出的是革新观念,坚持发展的科学性。其科学性体现在两方面:第一,按照中央的统一部署,转变思路,即一手抓发展,一手抓转型,好中求快,坚持在发展中促转变,在转变中谋发展。湖北省基本公共服务的推进就是在这样的理念的指导下实施的。第二,坚持在社会全面发展的基础上,做到抓差异,分级规划;抓需求,具体规划;抓整体,协调规划。以差异、需求、整体的科学观念规划湖北的发展,科学地推进城乡一体化的目标,分级、分步、分阶段地逐步实现基本公共服务均等化的目标。在全省十县市的调查访谈中,61.4%民众对于本地区城乡一体化的相关政策及规划有一定程度的了解,另有80.3%的受访者认为所在地在规划制定中听取或采纳民众的意见。

(二) 以民为本,坚持需求的满足性

"为国者以民富为本",人民的富裕是执政的根本。满足民众需求是执政的目标。湖北立足基本省情,坚持民本为先的理念,推进城乡一体化,按照优先原则,优先保障基本公共教育、劳动就业服务、社会保险、基本社会服务、基本医疗卫生、基本住房保障、公共文化体育、公共安全等服务的提供,把满足人民的基本需求放在第一位,把保障和改善民生贯穿于经济社会发展的始终,把发展的出发点和落脚点真正体现在富民、惠民、安民上,加快了推进基本公共服务均等化的发展,使发展成果惠及全体人民,逐步提高了人民生活水平、生活质量和幸福指数,实现经济发展与社会和谐的有机统一。可以说满足民本需求是湖北省政府执政的根本。例如全省调查显示,对于公共

服务和服务设施,居民需求意愿程度最高的是社区医疗服务(82%),老人及儿童专项医疗服务(82%),日常健康体检(77.6%)和防疫接种(76.3%),而湖北省在推动公共服务均等化建设过程中,上述基本医疗卫生服务正是社区服务平台重点建设项目和资源整合大力推动的项目。目前,得益于省、地市财政大力支持,致力于基本医疗卫生防疫服务的社区医院(卫生中心)已在全省各类城乡社区基本覆盖。

(三) 政府主导,坚持主体的责任性

明确主体的责任性,重点在于理顺不同层级政府间基本公共服务的责任关系。湖北省政府把宏观决策和规划引领放在重要位置,各地县市在宏观指导下决定项目具体实施方案。具体的实施方案根据不同类型公共服务的特点,明确承担执行责任的政府层级,经过近五年的建设,湖北地、县、市基本形成了相对合理、相对稳定的主体责任与投入机制,明确了政府间的职责,科学划分各级政府基本公共服务事权与支出责任,健全了地方政府为主、统一与分级相结合的公共服务管理体制。如,政府主导改进公共资源配置方式,转变公共服务供给机制,改革基本公共服务管理体制。在公共服务均等化的基础建设等方面,坚持了责任主体的责、权、利的统一。事实上,只有在政府主导的前提下,才能实现主体的责任性,将工作做到实处。所以,建立主体责任机制是保障公共服务实施的前提条件。

(四) 改革制度,坚持制度的覆盖性

制度是福利,制度是利益,也是福利、利益分配的手段。破解城乡二元结构的根本途径就是制度改革设计。制度的顶层设计,是制度改革的关键。在这点上,湖北政府的主要措施是打破行业分割和地区分割,大力推进区域间制度统筹衔接,加大公共资源向农村、贫困地区和社会弱势群体倾斜力度,力争实现基本公共服务制度覆盖全民。所以,制度改革的着眼点体现在以下几个方面。

第一，把更多的财力、物力投向基层，把更多的人才、技术引向基层，切实加强基层公共服务机构设施和能力建设，促进资源共建共享，全面提高基本公共服务水平。

第二，坚持"广覆盖、保基本、多层次、可持续"的方针，扩大了社会保障覆盖面，稳步提高社会保障标准、统筹层次和保障水平。如农村居民以新型农村养老保险（"新农保"）、新型农村合作医疗保险（"新农合"）方式、五保供养、低保、特困户基本生活救助等形式作为补充等办法实现制度广覆盖。

第三，在农村进行综合配套改革。仙桃、洪湖、鄂州等是湖北城乡一体化农村综合配套改革的试点。对农村及城中（郊）村集体资产实现产权制度改革，推行了确权颁证制度、耕地保护基金制度、农村土地流转的相关制度、建立土地流转服务中心、实行农业用地集中经营补贴政策、促进土地向规模化经营集中等现代农村产权制度。

第四，大力推进户籍制度改革。城乡分割的户籍制度是造成诸多公共服务项目产生城乡差异的重要原因。2003年湖北就建立城乡统一的户口登记制度，对进入城镇落户的农民，在就业、住房、子女入学、参军、社会保障等方面与城镇居民一视同仁，促进了农村劳动力的自由流动的同时，也享受政府提供的基本的公共服务项目。

第五，加强城乡居民自治制度建设，切实保障基层民主政治权利。推行村（社区）级财务预决算制度，建立村（社区）级民主理财小组；规范的用人制度，建立健全重大事务公开制度，完善村委会民主选举制度，完善村民议事制度，建立和完善民主监督制度。推行民主评议；对村（社区）干部进行任期、离任审计；建立村（社区）管理工作过失责任追究制度。让农民在深度参与民主自治的体系之中，享受政治民主权利。

（五）创新机制，坚持机制的长效性

向全民提供公共服务，核心在于保障供给，关键在于机制。

第一，改革创新完善财政保障、管理运行和监督问责机制，基本形成保障基本公共服务体系有效运行的长效机制。具体体现在：创新基本公共服务供给模式，引入竞争机制，积极采取购买服务等方式，形成多元参与、公平竞争的格局，不断提高湖北省基本公共服务的质量和效率。具体说，就是在实践中努力正确处理政府与市场、公平与效率、激励与约束关系，建立了有利于保障供给、改善服务、提高效率的长效机制。

第二，湖北在推行城乡公共服务均等化过程中，革新传统"自上而下"的单项供给决策机制和单一性的供给筹资机制，逐渐形成以政府为主导的多元化供给协同模式，有效解决传统服务格局带来的供给不足、供给质量低下、供给资金严重短缺等问题。

第三，拓宽基本公共服务资金来源。实施城乡服务均等建设，是一项系统的长期工程，需要配套大量基础设施和提供多种公共服务，如何筹集资金是最大难题。为此，湖北省坚持"发展共谋、经济共抓、实事共办"发展理念，在持续加大财政资金投入的基础上，积极拓展融资渠道，充分发挥地方特色，以项目为载体，通过市场化运作，加大招商引资力度，采取 BT、BOT、TOT 等形式，吸引社会资金，鼓励市内外大企业、大集团参与湖北省城乡基础设施和城市建设。同时，通过积极向国家申报城镇化建设项目，努力争取政策性资金支持，并依托乡镇、社区、村等原有资源，较好地发挥闲置资源，实现资源的再生利用。

第四，出台税收减免等政策，积极开拓其他筹资渠道，包括利用境外投资、个人自愿捐赠以及不以营利为目的、为社会提供公益性服务的非政府组织等，注重激活民间各类经济资本，进一步调动企事业单位和社会贤达、先富人群支持当地公共服务均等化建设的积极性，广泛吸纳社会资金参与城乡一体化建设。2012 年，湖北省完成的固定资产投资中,城乡私营个体投资 4712.60 亿元,增长 42.5%;其他经济投资 6791.70 亿元,增长 30.5%。通过建立多渠道、多元化的城镇基础设施和社会事业投融资机制,有效融入社会资本和金融资本,建立了以国家投入为导向、农民投入为主体、社会资本投入为补充、信贷投入为保证的多渠道资金投入机制,较好地解决新农村建设的资金瓶颈制约,有效推动了城乡一体化建设。

(六) 创新体制,坚持体制的服务性

体制是组织形式与管理权限制度,关系到基本公共服务均等化的有效实现。近几年,湖北省政府在重点领域和关键环节的体制创新取得明显进展,政府职能加快转变,基本形成有利于城乡发展一体化体制,使其管理服务的职能得到充分体现。如,一是改革科技体制,实施科技管理服务城乡一体化;二是改革产业结构体制,实施产业管理服务城乡一体化;三是改革农村经济体制,促进区域农业经济协调发展;四是改革行政管理体制,转变政府职能,即政府职能由行政管理向服务管理转变。

体制改革的成就,凝练的经验内涵,即体制的服务性。如,建立集中开放式政务服务中心,为城乡广大居民提供各类公共服务。服务中心主要包括警务综治室、文体活动中心、计划生育服务中心、广播室、户外健身活动中心及公开宣传栏等,提供社会救助、医疗卫生、计划生育、综合治理调节、劳动保障及便民家政等服务项目,改变了政府职能部门的工作方式,将公共服务逐步延伸到农村社区。实现政府职能由行政管理向服务管理转型,提高了行政效力,便民利民,为推进基本公共服务均等化奠定了相应的组织基础。

全省抽样调查已有 84.9% 的城乡社区实际建成了社区综合政务服务中心。居民对于本社区政务服务中心各项开放式服务的知晓率达到 72.3%,每周至少使用过社区综合服务中心一项功能的居民多达 53.7%。越来越多的城乡居民开始享受家门口的便利服务。

(七) 区域规划,坚持城乡的协调性

协调,即和谐一致,配合得当。在协调中保重点,在重点中促协调。近几年,湖北省大力发展沿江重点镇和中心镇,强化产业支撑,完善城镇功能,促进城镇化和新农村建设良性互动。坚持优先支持县域中心镇发展,集中打造特色资源镇,增强公共服务和居住功能,成为接纳农村人口转移的重要节点。基本实现了每个县建成1—3个综合实力突出、布局合理、规模适度、功能较完善、特色明显的中心镇或特色镇。坚持充分发挥各区域比较优势,加快推进形成主体功能区,积极完善区域政策,大力推动区域合作,加快县域经济发展,实现城乡区域特色发展与协调发展的有机统一。如鄂州城乡一体化,仙桃市、洪湖市、监利县、宜都市、大冶市、掇刀区等县(市、区)开展城乡一体化试点,竹(竹山、竹溪)房(房县)城镇带等城乡一体化试验区的规划建设,带动了全省城乡朝着"六个一体化"方向发展。

同时湖北省充分发挥武汉、襄阳、宜昌"一主两副"中心城市的辐射带动作用,在全省形成以武汉为龙头、湖北长江经济带为主轴、武汉城市圈和鄂西生态文化旅游圈为两轮的"一线串珠、双轮驱动"的区域发展新格局。城镇化率提高到52%以上,社会主义新农村建设扎实推进,基本形成城市带动农村、城乡协调互动发展新格局。建立健全了以工促农、以城带乡的长效机制,使城乡居民平等参与现代化进程、共享改革发展成果。

(八) 统筹建设,坚持城乡的一体性

一体性,即关系密切或协调一致,犹如一个整体。湖北着力解决城乡统筹,消除二元化结构,加快城市基础设施和公共服务向农村地区的延伸和覆盖,通过以城带乡的模式,进一步推进城乡基础设施建设一体化的做法,体现城乡公共服务的均等化。以洪湖为例,洪湖以基础设施建设为抓手,实现了农村发展条件大改善、村组公路全覆

盖,农村道路通畅便捷;实现了国土整治全覆盖,基本消灭了低产田;实现了水利设施配套完善,在全市范围内,基本解决农村人口安全饮水问题;一方面加强综合交通体系建设,按照构建"大路网、大港口、大物流"的发展战略,加快构建现代公路网络、推进水运工程建设;另一方面加强农业生产基础设施建设。

又如,黄石市在加快城乡一体化的过程中,积极构建"三有"(有人管、有保障、有活干)的保护失地农民权益的长效机制,让他们分享到现代工业文明的成果。大冶市统筹城乡推行"经济补偿、社会保障、就业服务"三位一体的帮扶新模式,建立土地征用与劳动力安置、失业和养老保险制度同步进行的长效保障机制,把农村逐步变为城镇,把农民逐渐变为"离土不离乡"的产业工人,让农民富起来。这些都体现了湖北省坚持城乡一体性的成效。

四 湖北省推进城乡基本公共服务均等化存在的问题

总的来说,湖北省基本公共服务投入数量不足,服务均等化仍存在不小差距。因为受总体经济发展水平、国民收入分配状况、公共服务供给差距等多方面因素影响,基本公共服务在投入数量、公平程度等方面与科学发展的要求仍存在不小差距。主要表现为:受地区经济发展和财政收入不平衡以及财政体制因素的影响,发达地区和欠发达地区公共服务供给水平存在明显差异;城乡之间的基本公共服务水平差距明显,基本公共服务设施、基础教育、社会保障水平、医疗卫生资源配置在城乡之间存在较大差距;不同群体之间享受的基本公共服务不均衡,外来务工人员难以充分享受基本公共服务。具体体现在以下几个方面。

(一)政府基本公共服务的"供给不均"

政府供给基本公共服务过程中同时存在着供给不足和供给不均,

这是造成基本公共服务不均等的原因，表现为"制度供给不均"、"财政供给不均"和"人员、设备、设施供给不均"等。

第一，制度供给不均。主要表现为公共服务制度的城乡二元化。虽然科学发展观强调统筹城乡协调发展，但长期以来的"重城轻农"现象继续存在，在义务教育、社会保障、基础设施、环境卫生等方面依然存在城乡二元格局，有些地区因为贫富差距的拉大而更加严重。

第二，财政供给不均。主要体现为地方财政辖区内分配不均以及中央与地方对基本公共服务财政支出分担比例失衡，拉大了城乡及不同社会群体之间的差距。

第三，人员、设备和设施供给不均。主要反映在各基本公共服务部门中工作人员、设备、设施配置的数量及质量上的差别。在医疗卫生、义务教育方面，城市配备了更多优秀人才、配置了更优质的设备，服务质量比农村高。在基础设施及环境保护方面，城市提供了更多更好的公路、厕所、垃圾处理站、供水及排水工程等。因此，城市基本公共服务部门中工作人员、设备、设施配置在数量和质量上都比农村要好。

（二）基本公共服务享受非均等

第一，推进城乡基本公共服务均等化，需要顾及的利益群体不仅包括城市居民和农村居民这二元，第三极——即以城乡接合部失地农民、进城务工农民为主的第三大利益群体正日益凸显。这三大利益群体在享受诸如公共教育服务、公共就业服务、社会保障服务等八大领域的基本公共服务方面均存在差异，突出表现为：三大利益群体并存，其所享受的基本公共服务非均等。城乡二元格局依然存在，城市人口享受到的基本公共服务水平、范围和质量和机会仍高于农村人口，而以城乡接合部失地农民、进城务工农民为主的第三极在享受基本公共服务方面则处于"两不靠"的游离状态。

第二，当前"享受不均"表现在各种基本公共服务的地区差距、城乡差距、不同社会群体间的差距上。诸如，现在我国新型农村合作医疗覆盖率达到80%以上，说明社会保障覆盖面已经扩大，但事实上，新型农村合作医疗制度主要是为大病而统筹的，一般疾病个人负担的比例仍然较高。

（三）基本公共服务沟通协调机制不够健全

第一，各类各级基本公共服务之间沟通机制不够健全，有效资源整合不够。从基本公共服务提供涉及到的部门来看，与公共服务相关的部门包括社会保障、民政管理、医疗、卫生、教育、文化、体育、社会救助、就业、安全等数十个部门，这些部门在提供相应的基本公共服务的时候，各部门之间的职责分工相对清晰，但往往各行其是，缺乏有效的整合和优化。这一点从各部门网站资源的整合与配置就可以看到，各部门网站信息资源相互衔接，信息资源相对整合，信息资源网络平台服务还没形成。从政府管理的上下级关系来看，存在着严重的官僚管理理念，上级主动向下提供服务的意识不强，调查研究不够，致使有些公共服务项目及其资金投放不均（地域、领域、人群）。从政府管理部门来看，分工明确职责分明，但部门间由于工作沟通不够，资源分散投入，重复投入现象存在。这都是由于沟通服务机制不健全，致使有效整合和利用资源不够。

第二，保障制度结构封闭，存在严重的碎片化现象。某项制度只适用于特定群体，当人们的身份、职业、地域，或者参保意愿等改变时，其原有社会保障关系不能或者难于转移续接。各项公共服务在提供的时候不仅仅是社会保障、医疗等单个部门的事情，更多的是需要医疗、卫生、教育、文体、社会保障等多方面的服务对接，但目前并没有一个相应的配套保障机制去落实，如救助制度、就业服务政策等方面就存在这样的现象。这一现象在第三极群体中表现更为明显。流动人口、失地农民等第三极利益群体的基本公共服务衔接不畅。

(四) 基本公共服务财政投入比例较低

目前，湖北省基本公共服务财政支出总额逐年提高，但与发达国家相比，还有差距。农村的公共服务所需的资金缺乏，尚未安全纳入公共财政体系，公共服务建设的基金来源连续性、稳定性并不能得到保证。各级公共服务提供者等、靠、要的思想还比较突出。尽管各地已经采取了多渠道筹资、整合各部门资源的方法，努力开拓多元化资金来源，但在基本公共服务资金投入方面，尚未形成资金投入的长效机制。形成这种现象的主要原因是地方财政事权与财力不配的体制造成的。

(五) 基本公共服务人才素质总体偏低

现有城乡公共服务人才队伍建设并不平衡，城市公共服务人才队伍不仅在数量上占据优势，在质量上也明显优于农村；农村公共服务人才队伍建设急需从数量、质量、结构等方面加强提升；公共服务人才队伍有着对提升工作能力，改进工作方式、提高工作水平的迫切需求。以养老服务业人才为例，湖北省民政厅2012年调研数据表明养老护理员队伍大都为农村务工人员和本市下岗职工构成，年龄偏大、文化程度较低，多数属于无证上岗，超过一半以上没有经过岗前培训，仅能照料生活起居，康复护理知识技能缺乏。

五 进一步推进湖北城乡基本公共服务均等化的政策建议

湖北省在推进基本公共服务均等化过程中应遵循阶段性原则，第一阶段应是消除城乡对立的制度壁垒，特别是户籍制度壁垒，调整公共服务分配的结构，改变城乡公共服务提供方式；第二阶段通过积极发挥城市对农村的辐射带动作用，反哺农村，基本消除城乡基本公共服务发展水平的差距；第三阶段则是真正实现城乡基本公共服务均等化。根据湖北的情况应着手从以下几个方面展开政策研究。

（一）继续深化改革,完善分税制财政体制

基本公共服务均等化是公共财政"公共性"的重要体现,是公共财政改革和发展的目标之一。所以财政在促进基本公共服务均等化方面责无旁贷,应当按照逐步实现基本公共服务均等化的要求,健全公共财政管理体制,形成基本公共服务财政支持制度的可持续性。

第一,推进湖北公共服务提升急需要研究和顶层设计解决的几个问题。(1)明确湖北省政府间财政体制的目标,即财政收入相对集中；财政支出相对分权。(2)确定政府间公共服务职责的基本原则。省政府拥有宏观决策权,执行的决策权适当下放给地方政府；决策者主要负责资金的投入供给,即谁决策谁负责筹资安排；尽可能将民生基本公共服务项目选择权和支出管理权交给基层政府。逐步改变基层政府对"上"负责,对"下"不负责的状态。(3)落实转移支付方式调整的措施,推进转移支付方式的规范。(4)财政体制改革需要与行政管理体制协调推进,即明确省主管厅与地方政府公共服务决策的分工；分类解决公共服务项目的集权程度与分权程度。

第二,稳步扩大财政支出,保证资金的连续和到位。必须稳步扩大公共服务支出,对财政支出结构进行合理调整,保证公共服务资金的连续性和到位。完善责权清晰的财政管理体制。另外,还要精确地比较各项转移支付的均等化绩效。对于转移支付的结构调整不仅需要进行均等化现状分析,还要对各项转移支付的均等化效果,以及对地方政府财政努力激励作用展开计量研究。

第三,进一步明确中央政府与地方政府以及地方各级政府之间在提供基本公共服务方面的事权,健全财力与事权相匹配的财政体制。例如,对于涉及面广、外部性大的基本公共服务,应主要由中央政府和省级政府提供,由县级政府管理；对于涉及面较小、外部性较弱的基本公共服务,应由中央、省和县三级政府共同承担。在提供基本公共服务的事权划分上,在强化中央和地方政府的责任时,明确各级政府的财权和事权,并将中央与地方基本公共服务职责分工逐步纳入法制化的轨道。

(二) 改革户籍制度,消除制度差距及其冲突

由于湖北省地域广阔,地区经济发展差距明显,各个地方在经济发展程度、人口压力、地方政府和企业承担农民市民化社会成本的能力等方面存在着很大的差异,因而在客观上造成了不同地区尤其是经济发达地区和经济欠发达地区、大城市和小城市、迁入地和迁出地之间的制度差距和制度冲突,中小城市和镇在推进基本公共服务均等化的制度创新方面具有后发优势。

(三) 明确范围标准,完善基本公共服务体系

第一,分类逐步扩大基本公共服务均等化范围,最终实现城乡统一。中国社会正逐步进入一个平等的时代。"在这个时代,让人们受到同等程度的尊重和关照,让人人平等分享发展的成果,日益成为社会的共识,也是治国理政的基础。"在这个过程中,人民群众开始普遍关注民生性的公共问题。所以,确定公共服务均等化范围,政府需要从解决现阶段湖北省暴露出的基本公共服务非均等的种种实际问题出发。具体来讲,应该结合实际,按照"窄口径、低标准"合理界定基本公共服务均等化的范围与水平。尽管整个民众对基本公共服务均等化具有强烈的需求愿望,并希望基本公共服务均等化范围越大越好,但最基本的还是首先满足最低层次的生存需要。湖北省还处于基本公共服务均等化的起步阶段,不具备大范围推进基本公共服务均等化的财力和能力,只能从最迫切需要解决的民生性公共问题出发,合理确定现阶段基本公共服务均等化的推进范围。综合上述分析,结合调研了解到湖北现实社会中亟待解决的公共性、民生性问题,依照满足社会成员生存与发展的最低层次需要的实际和优先原则,可概括为:(1) 社会救助与社会保障服务均等化;(2) 居民住房保障服务均等化;(3) 文化教育服务均等化;(4) 卫生医疗服务均等化;(5)

公共安全服务均等化；（6）环境保护服务均等化；（7）基础设施服务均等化等方面的推进与完善。

第二，合理界定现阶段均等化标准、水平和均等化程度。基本公共服务均等化水平和均等化程度是由经济社会发展水平、政府提供能力决定的，确定湖北省基本公共服务水平和均等化目标的实现程度，必须与经济实力相适应。从人均 GDP 和人均公共财力水平来看，湖北虽然进入推进基本公共服务均等化的初始阶段，但不具备在短期内完全促进基本公共服务均等化的实现能力。一方面，目前基本公共服务均等化的财力供给与财力需求之间的缺口很大，即便是不断增长的财政资金，短期内也难以满足基本公共服务均等化对公共财力的需求。另一方面，考虑到经济发展的制度性刚性因素的影响，即便是调整财政支出结构，也只能是逐步加大财政对基本公共服务的支持力度，短期内难以达到实现基本公共服务均等化的公共财力支持条件。我们建议借鉴德国政府间财政均衡的标准，即将各个地区的人均财政支出（按照常住人口）差距控制在湖北平均水平的一定额度之内；对单项公共服务的筹资和实施标准进行地区差距控制，研究出一套适合湖北省情的基本公共服务均等化的标准体系。其着眼点应是民生需求，也就是说以民众需求层次和标准确立服务范围，从最迫切需要解决的民生性公共问题出发，依照满足社会成员生存与发展的最低层次需要的实际和优先原则，分层分步地推进与完善。以空间设计确立服务范围，从城乡、区域的实际情况出发，打破城乡界限，以服务半径、服务人口为依据，统筹空间布局，统筹服务领域。

（四）制度衔接设计，城乡优质服务资源共享

第一，出台政策引导机制，尽快推动制度设计与制度实践各个过程、环节的转换和衔接。理由是：湖北省进行的基本公共服务均等化的改革从总体上是一种渐进式改革，在潜在利益出现和使潜在利益外部化的制度创新之间存在一定的时间间隔。各级政府瞄准均等化制度创新与制度实践存在的时间间隔，出台政策引导机制，尽快推动各个过程、环节的转换和衔接。省政府及各级政府应以制度统一为切入点，制定和实施统筹城乡基本公共服务制度的工作目标和阶段性任务的规划，实现规划一致。

第二，打破行业分割和地区分割，加快城乡基本公共服务制度一体化建设，大力推进区域间制度统筹衔接，实现基本公共服务制度覆盖全民。具体办法是：一是湖北中小城市和镇，城市扩容的空间较大，从后发环节入手实现中小城市和镇基本公共服务标准与制度一致的衔接。二是湖北省政府应鼓励各市、县开展统筹城乡基本公共服务制度改革试点，有条件的地区在推进城镇化进程中，可先试先行，把农村居民纳入城镇基本公共服务保障范围，对于暂不具备条件的地区，应预留制度对接空间。

第三，实施加大公共资源向农村困难地区倾斜的力度，鼓励和引导城镇优质公共服务资源向农村延伸，包括充分利用信息技术和流动服务等手段，促进农村共享城镇优质公共服务资源，缩小城乡服务水平差距。健全完善基本公共服务监督、问责、评估制度，实施三位一体的动态管理机制。

第四，建议失地农民参加城镇居民养老保险或城镇灵活就业人员养老保险。对于流动人口，已经在城市就业，有稳定工作仅仅户口不在城市的，可允许参加城镇职工养老保险或城镇居民养老保险等，实现制度衔接。

（五）建立协调机制,缩小基本公共服务非均等现象

建立完善政策协调机制，实现服务均等，可以着力解决如下几个方面的问题。

第一，健全完善区域间基本公共服务投资、财税、产业、土地和人口等政策的配套，建立跨区域协作机制。城镇与乡村之间、示范单位与非示范单位之间的水平和差距在逐步拉大，发展的速度十分不均衡，行政区域交界处也存在很多公共服务设施不健全，服务质量低下的情况。针对这些超越范围的基本公共服务需求问题必须探索跨区域的协作机制。协调地区利益差异，缩小地区发展不平衡，解决超越范围的基本公共服务需求问题。

第二，在就业领域，应进一步规范劳动力市场，着力解决市场分割问题。一是劳动市场存在就业歧视，应着力推进"同工同酬"；二是下大力气解决当前机关事业单位、国有企业与非公有制经济部门之间劳动力市场分割问题。

第三，在教育领域，应尽快解决流动人口异地上高中和参加高考问题。为了处理好保障教育权利和人口有序流动之间的关系，我们建议可以考虑不以户籍为依据，而是以更合理的在当地学籍年限、监护人参加社保的年限为管理手段，允许达到一定年限者在当地上高中和参加高考，建立全省联网的中小学学籍管理信息网络，为实现农民工子女在务工地参加中考和高考创造条件。

第四，继续扩大基本公共卫生服务项目和重大公共服务项目的范围，提高医疗保障水平。在湖北调研中农民呼声最大的是，希望进一步扩大免费公共卫生服务项目的范围，如妇女住院分娩、预产检查、传染病治疗等实行免费治疗的方法。提升基层卫生服务机构的人力素质和服务水平，重塑合理的诊疗秩序。

（六）利用信息手段，提高服务和管理效率

信息和通信技术为改善公共服务提供了很多的新的机会与潜力，充分利用信息手段，能够事半功倍。主要健全以地方政府为主，实现统一与分级相结合的信息网络公共服务管理体制。具体做法是：

第一，从管理机构的整合入手，明确管理机构的名称、职责和公共管理性质，合理解决编制数和财政保障问题，在此基础上，逐步将职能相近的各类工作机构和服务实体整合加强，实行一体化运作。

第二，逐步建立起覆盖全省的基本公共服务信息网络，省及地方各级政府、各职能部门实行统一规划，整体推进，建立健全以城市为核心、覆盖城乡的基本公共服务信息网络。在建立健全基本公共服务信息网络的基础上，实行统一的信息采集、分析和发布，为社会及民

众提供及时有效的信息服务,如公共就业、公共教育等服务信息,提高服务和管理效率。

第三,加大政府基本公共服务信息的透明度,建立基本公共服务信息协调和沟通体系。民众对基本公共服务的感知影响最大的因素就是基层,特别是社区。因此需要多渠道多路径向公众提供基本公共服务的信息,让广大民众能看到和体会到基本公共服务方面的变化。

第五,充分利用信息化手段,扩展机会和提高服务的便利性。如,大力发展远程教育、远程医疗等,使优质公共服务资源能够共享,提高人们利用服务的便利性。进一步将信息和通信技术融入公共服务和社会保障体系,实现全省交换数据和财务信息,大大减少管理成本,提高监管效力。

(七) 引入竞争机制,实现供给资金渠道多元

随着经济发展和市场经济的完善,一些基本的公共服务也可以吸收民营资本投入,减少政府支出,形成以政府为核心的多元公共服务体系,即"公私伙伴关系"机制。它是在强调政府在基本公共服务供给中主导作用的同时,提倡基本公共服务的多元参与,这是世界上许多发达国家所倡导的。政府要鼓励各种社会力量,特别是非政府组织参与公共产品的生产和服务,要按照谁投资谁受益的原则,允许和鼓励私营企业生产和经营公共产品,积极引进民间资金和外资为公共产品生产服务,以改善公共服务质量,降低管理成本,强化公共产品生产和供给的竞争性,提高公共服务的运作效率和专业化水平。具体做法是:

第一,在引入市场竞争机制时,各级政府要优先安排预算用于基本公共服务,并确保增长幅度与财力的增长相匹配、同基本公共服务需求相适应,推进实施按照地区常住人口安排基本公共服务支出,努力缩小城乡、区域、人群基本保障差距。

第二,引入市场竞争机制,实现基本公共服务提供主体多元化,

形成资金来源多渠道。一是拓宽政府筹资渠道,增加基本公共服务基础设施投入。二是确立服务提供主体和提供方式多元机制,引导社会资本参与基本公共服务设施建设和运营管理。公平开放基本公共服务准入,大力发展民办幼儿园和职业培训机构,鼓励和引导社会资本举办医疗机构和参与公立医院改制,推动社会资本兴办养(托)老服务和残疾人康复、托养服务等机构以及建设博物馆、体育场馆等文体设施。

第三,完善财政保障制度,逐步提高政府投入基本公共服务预算支出占财政支出的比重,健全基本公共服务标准体系和标准动态调整机制,保障基本公共服务体系有效、长效运行。

第四,在基本公共服务中积极运用市场机制。一方面,政府通过合同购买的形式承担部分基本公共服务,另一方面,可在部分领域引入消费者选择,可以福利券等形式来实现。

(八)加强人才培养,优化公共服务队伍结构

第一,完善工作人员职业资格制度,实行持证上岗,加速工作人员的专业化、职业化进程。

第二,统一公共服务工作标准,建立健全工作人员岗位职责、工作守则、服务准则,统一服务行为、统一服务用语、统一挂牌上岗;强化服务管理,完善服务内容、理顺服务流程、优化服务环境、提高服务效率,不断规范工作人员的服务行为,提升服务质量。

第三,加强农村公共服务人才队伍建设,从数量、质量、结构等方面加大财政投入,增加人事编制。

第四,全力推进政府购买社工服务,将专业服务引入基本公共服务体系之中,全面提高基本公共服务均等化服务水平。并且加大社会工作专业人才的培养与教育,定期对在岗人员实施社会工作专业技术与技能的职业培训。

第五,推进城乡公共服务均等化,需要政府、企业、科研院所、高校学校等各方力量的共同努力构筑人才培养平台,即构筑"校政

联合"、"校企联合"、"校校联合"及"国际合作"的培养平台，达到优化队伍结构，提高服务水平的目标，并走出一条具有湖北特色的基本公共服务人才培养道路。

（九）以服务为导向，建立干部政绩考核制度

科学的绩效评估和考核，将科学发展观的原则要求变成可以量化的目标体系，强化各级政府部门的绩效意识，形成正确的决策导向和工作导向，将为树立和落实科学发展观和正确的政绩观提供有力的支撑，有利于健全公共服务供给的体制机制。首先要增加基本公共服务在干部政绩考核体系中的权重。现行干部政绩考核制度很难适应公共服务体制建设的需要，要尽快把公共服务数量和质量指标纳入干部政绩考核体系中，并逐步增加其权重。其次，要把群众满意度作为干部政绩考核的重要因素。在政府履行公共服务职能的过程中，应当针对公共服务的决策、执行、监督等各个环节，建立符合公众公共服务需求的表达机制，将公众满意度纳入干部政绩考核体系，使广大群众的评价成为影响干部升迁的重要因素。

（十）巩固改革成果，健全服务法律法规体系

加快推进基本公共服务均等化，还要求我们建立健全基本公共服务的法律法规体系。加快基本公共服务的相关立法，有利于增强基本公共服务供给的规范性和约束性，也可以将改革实践中的一些好做法以法律的形式固定下来，以巩固改革成果。

（撰稿人：夏玉珍）

参考文献：

1. （英）朱利安·勒·格兰著：《另一只无形的手——通过选择与竞争提升公共服务》，新华出版社2010年。

2. 国务院发展研究中心课题组著：《民生为本——中国进步公共服务改善路

径》，中国发展出版社 2012 年。

3. 北京师范大学管理学院、北京师范大学政府管理学院著：《2012 中国民生发展报告——跨越改革世界中的"民生陷阱"》，北京师范大学出版社 2012 年。

4. 汝信、付紫兰主编：《城乡一体化蓝皮书》（2012），社科文献出版社 2012 年 12 月。

专题五

湖北省城镇建设多元化发展研究

国务院总理李克强指出:"我国正处于城镇化快速发展阶段,城镇化不仅可以扩大投资,而且能够促进消费,对扩大内需具有重要推动作用。"[①] 十八届三中全会提出的改革纲领性文件也进一步指出"城乡二元结构是制约城乡发展一体化的主要障碍,推进城乡要素平等交换和公共资源均衡配置,完善城镇化健康发展体制机制"。可以说,在中国未来一段时间多重挑战与机遇并存的时代背景下,城镇化红利将有力支撑我国,特别是湖北在重要战略机遇期甚至更长时间内的持续发展。城镇化通过城镇建设和非农产业发展所带来的集聚效应和收入增长效应,将吸引大量的非农产业与人口向城市聚集和转移,提高资源要素的配置和利用效率,实现企业报酬递增的内部规模经济,满足居民多样化的消费偏好,促进企业和居民相互间的交流与合作,从整体上创造报酬递增的外部规模经济,从而产生远高于分散定居农村并从事农业生产的收益。按照我国75%的城镇化率目标,未来将有3.5亿左右农业人口转入城市,1.5亿左右的半城镇化人口继续城镇化。按照湖北省城镇化与城镇发展战略目标(2010—2030),湖北省2030年将实现66%的城镇化目标,在2012年基础上将继续吸引934万人口进入城市,城镇

---

① 李克强:《在改革开放进程中深入实施扩大内需战略》,《求是杂志》,2012年第4期。

总人口将超过 4000 万。

城镇建设作为推动湖北城乡一体化和城镇化进程的主要载体，将从根本上改变湖北城镇建设相对滞后的不利局面。但是，城镇建设受制于湖北的省情区情、财力人力等约束，必须因地制宜，采取多元化的城镇建设模式，从根本上遏制土地粗放使用、城市建设贪大求快求新求洋、城市间结构趋同日趋严重、城乡和城镇之间发展不协调、城镇布局紊乱的局面，逐步建成大中小城市协调发展、网络状和开放型的城镇空间结构。

2013 年 5—7 月，湖北经济与社会发展研究院率领不同的调查组，分别在鄂州、荆门、黄冈、咸宁、宜昌、孝感、荆州等地，通过专家座谈、问卷调查和实地考察，深入了解湖北各地城镇建设的推进程度和建城的基本模式，深入剖析城镇建设中存在的主要问题。一共在湖北的 12 个城市和地区发放了 2450 份调查问卷，收回有效问卷 1987 份，有效率达到 81.1%。下面结合实地考察和问卷调查的结果对湖北城镇建设的基本情况进行总结，并在此基础上对进一步有序推进湖北城镇建设提出相应的对策建议。

一 湖北城镇建设的主要特征与多元化建设模式

（一）城镇建设的主要特征

经过改革开放 30 多年的发展和最近十年中部崛起战略的深入实施，湖北城镇建设取得了快速突破，目前城镇建设主要具有以下四个特征：

一是城镇化建设进度明显加快，尤其近四年更是突飞猛进。从图 1 中可以看出，湖北城镇化水平的变化经历了五个阶段。第一个阶段从 1978—1984 年，湖北城镇化水平处于缓慢提升阶段，城镇人口从 1978 年的 690.23 万增加到 1984 年的 877.4 万，但城镇化水平仍然远远低于全国平均水平。第二个阶段从 1985—1990 年，湖北城镇化水平处于快速提升阶段，城镇人口从 1985 年的 1120.5 万增加到 1990

年的 1551 万，城镇化水平从 1985 年的 22.7% 增加到 1990 年的 28.5%，超过全国平均水平 2 个百分点。第三个阶段从 1991—2001 年，湖北城镇化水平处于波动增长阶段，城镇人口从 1991 年的 1433 万增加到 2001 年的 2308 万，城镇化水平从 1991 年的 26% 增加到 2001 年的 40.8%，突破 40%，超过全国平均水平 3.1 个百分点。第四个阶段从 2002—2009 年，湖北城镇化水平处于平稳增长阶段，城镇人口从 2003 年的 2387.7 万增加到 2009 年的 2631.2 万，6 年城镇人口仅增加 250 万，城镇化水平从 2003 年的 42% 增加到 2009 年的 46%，2009 年落后全国平均水平 2.3 个百分点。第五个阶段从 2010 年至今，进入加速推进阶段，湖北城镇人口从 2009 年的 2631 万增加到 2012 年的 3092 万，4 年净增 461 万，使得湖北城镇化率快速增加，2011 年首次城镇人口超过农村人口，2012 年城镇化率达到 53.5%，超过全国平均水平 0.93 个百分点。

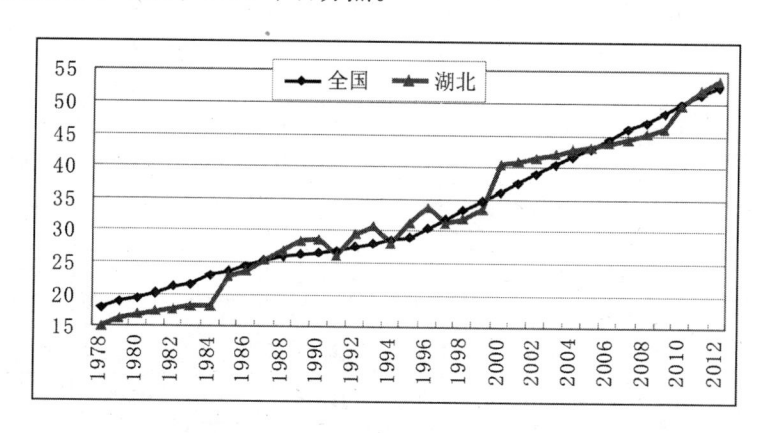

图 1　湖北城镇化水平（1978—2012）

从区域比较来看，湖北已经成为中部六省城镇化水平最高的地区，2011 年比湖南、安徽、江西高 6 个百分点，比山西高 2 个百分点，比河南高 11 个百分点。但从城镇总人口来看，湖北低于河南，居中部六省第二位。

二是城镇功能逐渐健全，城镇体系逐渐完善。根据调查，湖北城镇建设已经初步形成特大中心城市（1 座，武汉）、区域中心城市

(宜昌和襄阳,副省级中心)、中心城区(地级市中心城区,9座)、重点镇和新型社区"五位一体"的网状结构城镇体系。

目前湖北有全国特大城市一座——武汉,其2012年常住人口超过1000万,达到1012万,城镇人口达555万,城镇化水平达到54.8%。2012年武汉GDP总量超过8000亿元,占湖北GDP总量的36%,人均GDP接近8万元,为湖北省最高。湖北拥有宜昌和襄阳两座副省级省域中心城市,常住人口分别达到408万和555万,城镇化率分别达到53.59%和53.68%。这两座城市的GDP总量都超过2500亿元,分别占湖北GDP总量的11%,起到了一定带动作用。但宜昌的人均GDP远远高于襄阳。由此可见,湖北已经形成中心城市加快发展,武汉、宜昌、襄阳"一主两副"的空间格局基本形成,成为湖北省域城镇发展的三个重要节点。

表1　　　　　　湖北各种类型城市数据(2012)

城市类型	城市名称	土地面积	常住人口	人口密度	年末从业人员数	GDP	人均GDP
		平方公里	万人	人/平方公里	万人	亿元	元
特大城市	武汉	8494	1012	1191.4	191.85	8003.82	79482
省域中心城市	宜昌	21084	408.83	193.91	70.02	2508.89	61517
	襄阳	19728	555.14	281.4	70.55	2501.96	45167
中心城区	黄石	4586	244.1	532.27	32.09	1040.95	42703
	十堰	23680	335.68	141.76	55.08	955.68	28471
	鄂州	1594	105.35	660.92	20.02	560.39	53192
	荆门	12404	288.52	232.6	36.5	1085.26	37649
	孝感	8910	483.31	542.44	70.94	1105.16	20934
	荆州	14067	571.94	406.58	36.67	1196.02	20912
	黄冈	17457	623.19	356.98	36.29	1192.88	19220
	咸宁	10049	247.5	246.29	22.15	760.99	30791
	随州	9636	217.81	226.04	13.16	590.52	27163

另外，湖北还有9座中心城区。鄂州通过新村整治，形成了主城区中心城区、3座新城为支撑、10个特设镇为节点、106个新社区为基础的城乡空间格局，2012年城镇人口已经达到65.41万，城镇化率高达62%。荆门形成了以中心城区（70万人口规模、建成区面积70平方公里）、3个县城为支撑、3类重镇（镇级市、工业重镇、旅游重镇）为节点、1000个新社区为基础的现代城镇体系。宜都形成了以主城区为中心、两座新城（红高示范区、枝城）为节点、5个特色镇（聂家河、松木坪、五眼泉、王家畈、潘家湾）为支撑、100个中心村和500个中心居民点的城乡空间布局。从表2可以看出，2012年湖北城镇人口超过40万的县级城市已经有14座，其中仙桃、孝南

表2　　　　　　　　　湖北县级城市数据（2012）

县级城区	土地面积	常住人口（万人）		城镇人口（万人）		城镇化水平（%）	
	2012	2011	2012	2011	2012	2011	2012
曾都区	1425	62.08	62.31	39.97	40.19	64.4	64.5
荆州区	1046	55.15	56.18	40.99	41.86	74.3	74.5
江夏区	2010	81.24	82.19	40.89	42.31	50.3	51.5
新洲区	1500	85.35	85.42	41.93	43.2	49.1	50.6
襄州区	2306	90.94	91.34	42.97	44.95	47.3	49.2
枣阳市	3277	98.4	98.83	44.89	47.47	45.6	48.0
潜江市	1930	94.83	95.04	45.92	47.54	48.4	50.0
大冶市	1566	89.63	89.81	46.33	47.66	51.7	53.1
钟祥市	4488	101.27	101.46	46.21	48.15	45.6	47.5
鄂城区	600	66.99	67.15	47.87	49.01	71.5	73.0
汉川市	1632	101.86	102.03	48.98	50.83	48.1	49.8
仙桃市	2520	118.26	118.49	58.3	60.31	49.3	50.9
孝南区	1020	91.02	91.18	60.46	61.79	66.4	67.8
天门市	2528	136.9	133.9	62.25	63.04	45.5	47.1

和天门的城镇人口已经超过 60 万,其中孝南的城镇化水平已经超过 67.8%,说明当前湖北各地区的城镇化建设已经初具规模,并且形成了日趋完备、具有互补性质的立体式的城镇结构体系。

三是城镇基本服务不断健全,城镇宜居程度显著提高。当前,湖北各地区花大力气推动城市交通、供水、供电、信息、供气、市场等基础设施建设,并逐步向农村和新社区延伸。这是促进湖北城乡空间融合、功能互补、资源共享、服务公平的重要手段。鄂州在全省率先实现村村通水泥公路,实现城乡供水一体化、电网改造升级、电话、电视、互联网"三网融合"、农超对接等方面成效显著,并且制定了均衡城乡公共服务 30 条,建立了全民创业、全民教育、全民健康、全民社保、全民安居"五个保障体系"。荆门在每个新农村社区规划建

表 3　　湖北主要城市文教、科技、卫生情况 (2012)

城市	高等学校在校学生数	从事科技活动人员总数	公共图书馆图书总藏量	医院、卫生院数	医院、卫生院数床位数	执业(助理)医师
	(万人)	(人)	(万册)	(个)	(万张)	(万人)
武汉	94.7		11821	238	5.49	2.64
黄石	4.37	14530	113.5	74	0.96	0.43
十堰	4.67	11097	109.84	158	1.34	0.77
宜昌	5.66	20220	183.4	165	1.91	0.88
襄阳	6.19	21839	150	207	2.21	0.99
鄂州	1.26	2420	40.85	450	0.38	0.19
荆门	2.12	5673	107.3	96	1.09	0.52
孝感	2.75	52713	85.6	151	1.17	0.66
荆州	11.36	8262	111.62	164	2.06	0.92
黄冈	4.77	5861	174	221	2.01	1.03
咸宁	3.96	2718	71.23	266	1.07	0.55
随州	0.85	4215	224.85	99	0.63	0.37

立社区服务中心，承担医疗保险、环境卫生、文体教育、计划生育、社会保障、社区治安等公共服务功能。从表3可以看出，通过多年的政策支持和加大投入，湖北各城市基本公共服务供给水平不断提高，大大提高了城镇的宜居程度。

四是城镇特色日渐显现，实现错位发展。逐步突出特大城市和大城市的强集聚强核心作用，以城镇群和都市圈作为城镇化布局的主体形态。一方面强化武汉的全国中心城市作用，依托武汉城市圈1+8的高铁网络体系，辐射周边的鄂州、黄冈等城市，提升二线城市的综合提升能力。与此同时，发挥中小城镇的特色与优势，作为人口城镇化的重要载体。在城镇化建设过程中突出地方经济、文化、历史等特色，对于构建宜居新城镇或新社区至关重要。例如，江夏怡山湾社区充分结合经济文化水平、人口规模、资源条件，深入挖掘水乡荷韵的历史文化底蕴，通过开展省市区街四级同创万亩绿色水稻标准化综合示范基地建设，着力培植优势农产品基地，打造赏荷采莲品牌，发展乡村旅游，大大提高了怡山湾社区的就业能力和可持续发展能力。

（二）湖北城镇建设的多元化经验

湖北省各地区在城镇化建设中根据自身发展的实际情况，制定了推进本地区城镇化发展的有效措施，主要有以下做法：

一是改革兴城，在城镇化建设过程中，不断深化改革，消除各项制度对城镇化发展的约束作用，理顺城乡关系，破除城乡要素流动限制，激活社会资源，整合各类资金，从而逐步奠定城镇建设的坚实基础，显著提高城镇化水平与质量。湖北加快城镇化发展最大的瓶颈制约在体制机制障碍，许多方面不改革就难以推进城镇建设推进力度。要把城镇建设与体制机制改革充分结合，加强顶层设计和统筹协调，发挥制度优势在城镇建设当中的重要作用。

鄂州市"综合制度改革建城模式"是改革兴城的典型代表。该市主要通过城镇管理和建设制度的改革与创新，综合运用企业打造、农民合资建城、整合各类资金推动城镇建设大发展。在推进城乡一体化过程中，通过改革与当前城镇化进程中制度建设滞后的局面，以户籍制度、城镇管理制度、土地流转制度、社会保障制度、社会管理制度等一系列制度变革为契机，理顺城乡关系，激化城乡各类要素合理流动，提供城镇化质量。与此同时，鄂州组建了城乡统筹发展办公室，编制了8个改革试点方案与3个管理办法，形成了完备的制度体系，制定了"三基本一率先五突破"的城乡一体化发展目标，推动鄂州城镇化建设取得了突破性进展，2012年鄂州城镇人口共有65.41万，城镇化率超过62%，高于全省8.5个百分点。

具体来看，鄂州的制度创新主要体现以下几个方面：

（1）规划制度创新：摆脱按照行政区划抓城镇建设的思维定式，按照经济流向与发展潜力进行城市功能分区，构建鄂州"四位一体"的城乡空间格局，打造全域鄂州，编制完成了鄂州市城乡总体规划、新城规划、特色镇规划和新社区规划，形成全面覆盖的规划体系与监督执行体系。

（2）农村新社区建设创新：将全市320个行政村规划集并为106个新社区，并紧密结合地方资源禀赋、经济社会条件、人文特点与长远发展需要，探索了新社区建设规划引导、迁村腾地、项目拆迁、城中村改造、产业培育、环境整治六种模式，新社区建设坚持"五个统一"：统一整村规划、统一产业布局、统一基础设施、统一公共服务、统一建筑风格，资源利用上做到"三个整合"：整合部门力量、整合各路资金、整合政策优势。

（3）产业发展创新：积极推广家庭农场、股份合作、公司+基地+农户、专业合作社、土地租赁等5种产业发展新模式。兴办各类家庭农场480多个、建立专业合作社389家、新建农村特色产业园22个。

（4）农村产权制度创新：农村土地确权颁证，组建市农业发展投资公司、农村产权交易中心，开展林权融资试点，推进塘堰产权和管理机制创新。

（5）公共服务一体化创新：强力推行城市交通、供水、供电、信息、供气、市场等基础设施向农村延伸，促进城乡空间融合、功能互补、资源共享。制定发布城乡均衡公共服务30条，建立全民创业、全民教育、全民健康、全民社保、全民安居"五个全民"保障体系，实行城镇职工医疗、城镇居民社保、新农合"三网合一"和城乡居民选择医保可选择、可衔接、可转换，将农民工纳入公共租赁住房供应范围。

（6）社会管理创新：按照城乡一体化的发展要求，建立健全"城乡一体化、社区网格化、管理信息化、服务多元化"的社会管理格局。推进社区网格化管理与基层党组织建设、村民自治结合；发展社区E网功能，加强网格员队伍建设。

（7）政府服务创新：组建市统筹城乡发展办公室，负责城乡一体化工作；实行三农投入稳定增长机制；与36家省直部门共建互联机制，实行对村指导与合作。

二是产业兴城，即在城镇化建设过程中，通过延长产业链发展链条、强化辐射带动型产业发展、通过科技创新突破性发展高新技术产业、加快就业吸纳能力强的第三产业发展和培育壮大龙头企业等方式，不断夯实城镇建设基础，从而使得城镇人口集聚能力增强，地方税收增加、居民消费能力增强，从而形成本地市场效应和循环累积效应。这样城市建设所需的资金和人才都有了保障。

宜都是湖北产业兴城的典范。近年来，宜都主要通过特色产业带动就业提升、公共服务改善和人口集聚，形成新型社区和现代产业新城。宜都通过发展优质柑橘、高效茶叶、优质粮油等现代农业示范区，通过扶持一批产业化龙头企业，使得本地区人口迅速集中，形成产业发展→就业带动→人口集聚→公共服务完善的城镇化路子。

宜都产业兴城的主要做法是：把工业化、农业现代化和城镇化统筹发展，以工业化推动城镇化，以城镇化促进工业化，实现产城共荣、工农互动、城乡一体。首先按照城市总体规划和土地利用规划要求，加强产业集聚区建设，形成了资源利用率高、产业集聚度高、产业价值链高的产业空间布局。工业以宜阳一级路为轴，大力发展精细化工、生物医药、新型电子材料、新能源、高端装备制造，全力打造宜昌省域副中心江南工业经济走廊。农业以示范区为重点，加强优质柑橘、高效茶叶、优质粮油、规模养殖等现代高效农业示范园，以红花套镇、高坝洲镇为核心建设10万亩优质柑橘示范区，以五眼泉镇、枝城镇为核心建设高效农产品示范区，以松木坪镇为核心建设优质粮油示范区，以王家畈乡、潘家湾乡核心建设万亩高效茶叶示范区。第三产业以沿江、沿路为重点，建成以陆城、姚家店为中心的商贸流通和现代服务业集聚地，以渔洋河、清江流域为重点的旅游度假区。2012年全市规模以上企业达到188家，完成工业增加值211.9亿元，形成了"土老憨"、"天峡"、"宜都蜜柑"、"天然富锌茶"、"宜红茶"等特色品牌，带动城镇就业人员5.1万，农村从业人员17.94万，使得2012全市完成GDP344.7亿元，地方财政收入20.3亿元，城镇居民收入达到19431元。宜都城镇化水平也从2009年的48.8%提高到2012年的54.76%，高于全省平均水平。

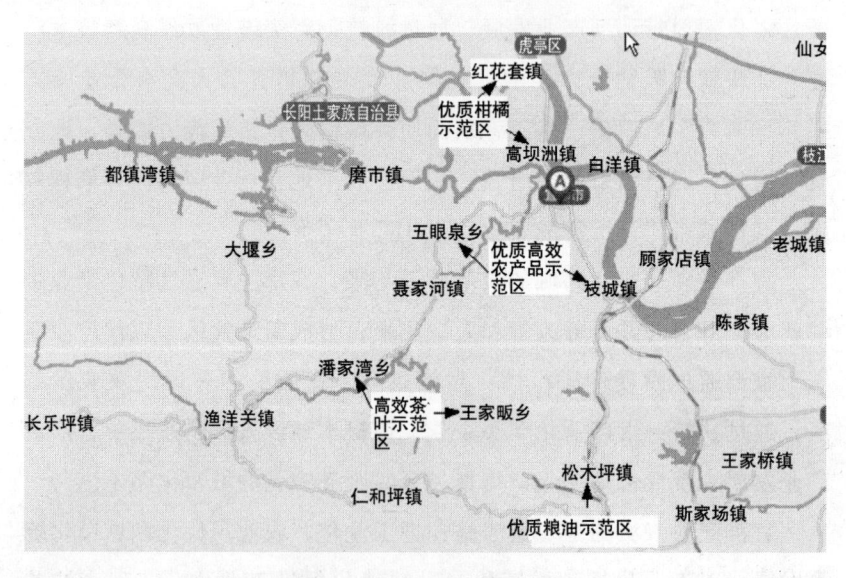

图2 宜都的农业示范区

三是合资建城，就是通过融资手段和建设主体多元参与，破解我国目前地方政府城市建设财力相对匮乏困境，减少政府风险，提高社会资金使用效率，充分发挥各类市场主体的积极性与能动性，提高城镇建设的速度和效益。

大冶灵乡"三区合一"模式是湖北合资建城的典范。大冶灵乡在产业园区基础上通过完善基本公共服务和建设城镇基础设施，实现单纯的产业园区向富裕社区、宜居社区和平安社区的转变。大冶灵乡近年来通过全域统筹园区、镇区、社区建设，在时间上坚持镇区、园区、社区同步扩张；在空间上坚持创业、产业、就业相互融合；在规划上园区、镇区、社区融为一体，按照"园区带动、自谋发展，补偿推动、自主建设，创新驱动、自我管理"的"三动三自"模式，奋力争创全省新农村建设示范镇，推进镇村一体化建设。

大冶灵乡的主要做法是：

（1）在社区建设上，着力打造富裕、宜居、平安社区。把农民增收、收入倍增作为新农村建设的第一要务，按"农民促就业、农业变产业"的理念，高标准完成了1.49万亩的高产农田改造和土地整理，农田排灌沟渠基本实现了自流灌溉。2012年产值过20万元的种养大户58家，3000亩以上的优质油菜、水稻、油茶基地23个，全镇达到了"村村有基地、村村有项目"。全镇以农业庄园为特色的农业种养、农副产品深加工、休闲旅游三大农业经济板块已基本形成。充分发挥"农民主体、政府主导、市场主办"的作用，按"完善一批、建设一批、启动一批"的思路，投入8400万元完成了12个自然湾的村庄整治、延伸公共服务；投资4000万元正在建设戴岭新型服务社区。投资1100万元以上将城镇供水、垃圾处理、公共交通等公共服务集中延伸到新型社区，全镇长坪、谈桥等10个村（社区）接通了长江引水，11个村安装了自来水，建立了垃圾处理转运机制，使农民在家门口就能享受到与城镇一样的医疗、教育、保障、运动健身设施，将社区与村庄进一步融合，实现了农民的就地入社。全面探索"联户组团式管理、联部组合式服务、探索联防组合式调解、联合组建式共享"的社会管理新模式，打造创新社区管理的平安链、便民链、调解链、公共服务链"四条链条"。以每30户左右为基础划分联户细化组团，公开选举产生组团中心户长与"五老"和谐会，配置"民生服务110"、"平安大喇叭"，实施"一挂五联"，成立镇、社区、联户组团三级巡逻队，建设平安社区。先后出台《建设美丽灵乡行动方案》、《灵乡镇村庄保洁奖补办法》，明确了保洁员60户以上按每月500元、40至60户每月按400元、40户以下按每月300元发放保洁员工资，让"人人争做保洁员、个个争当环卫工"。

（2）着力打造生态文明镇区。按就地城镇化的理念，大力实施引农入镇，让失地农民变为进厂的工人，坚持把城镇作为农民的集中地、转移地、自由地、幸福地，2013年完成了中心镇区20平方公里总体规划修编的初步成果，中心城区按4万人的规模重新布局铺排。投资2400万元建设谈灵大道，既延伸了镇区又对接了黄咸高速灵乡互通，投资2902万元建设镇区污水处理厂；同时，成立了灵乡城投公司，以灵乡城投公司为融资平台，采用"政府奖励、老板自投、引资开发、共建双赢"的方式，先后建设了灵乡城镇综合体、灵乡花苑等一批休闲旅游项目；以土地拍卖引资1.5亿元以上先后开发了4万平方米的灵乡华府、4.2万平方米的灵乡花苑小区、6万平方米的灵秀花园，使470户1800多农民进镇建房购房；通过园区失地优先安排就业使3700多名农民"洗脚进镇、弃牛进厂"；通过引资开发建设10万平方米以上高档住宅小区，激活5000农民向中心镇区集中。

（3）土地流转和经营创新。分类推进，因地制宜，实现了流转方式的多样化和土地经营的规模化。一直以来，在农村，农民以土地为本的观念很强烈，把手中的土地视为生活的基本保障，不愿轻易变更、交换经营权。为此，灵乡提出土地流转要以人为本、以效益为中心，促进土地在流转中升值，通过流转给农民带来切切实实的实惠。在各类规模化经营项目中，灵乡按照产业开发的要求，因地制宜，采取了多种流转模式。油茶基地建设中，主要采取了出租的方式进行土地流转，共完成荒山土地流转面积3000余亩，实现了荒山的再利用；

灵岩种植合作社则采取的是转让这一形式，通过与农户积极协商，签订土地承包转让合同；并通过投资开拓荒地，使种植面积达400余亩，实现了规模化经营；通过平整土地、迁村腾地、复垦废弃工矿用地与村庄用地、开发宜农荒草地等措施，增加有效耕地面积41.42公顷，新增耕地率为3.04%。

四是企业造城，政府通过扶持一批科技含量高、企业附加值大、就业吸纳能力强的龙头企业，建设一批基本公共服务功能完善、辐射农村、连接城市的产业特色镇或产业园区。企业造城有以下益处：一是可以解决企业的用工难问题，形成劳动力蓄水池；二是可以充分发挥企业的积极性，减少政府在城市建设中的投入，缓解政府财政压力；三是可以发挥政府供给公共服务的规模经济效应。

荆门产业特色镇建设是企业造城的典型之一。荆门通过选择产业比较发达、功能比较完善、特色比较鲜明的龙头企业集聚地，以龙头企业为中心，建设连接大中城市、辐射农村的产业重镇。比如胡集以磷矿开采的龙头企业为主建设百亿磷都，打造楚天重镇；后港则以引江济汉工程的龙头企业为主，打造水乡生态经济新城；宋河则以机械、建材企业为中心，着力提升产业水平，打造生态宜居山城。

公安南平也是企业造城的典型之一。公安县南平镇是公安县的老县城，在县城搬迁到斗湖堤后城市建设由于缺乏资金难以推进。但是，湖北中远集团作为一个下辖7家子公司的大企业，为南平镇的新城建设注入了活力。中远集团投资2亿元，新建煤炭行业总部大厦，打造中部地区煤炭储运基地，可以实现年销售额40亿元，煤炭运销能力500万吨，着力打造南平新城的产业基础；投资20亿元，将位于207国道的洼地打造成为集购物住家、餐饮娱乐、酒店服务为一体的大型商业区，建设了东风超市，打造中远世纪城，完工后可以吸纳500人就业，年创利税5000万元；投资3亿元，在江南高速南平入口处征地265亩，修建从仓储、包装、深加工到配送一条龙服务的湘鄂物流园区；投资4.5亿元，将处于南平镇的卷桥水库打造成为生态旅游、人文景观、农业观光、休闲度假于一体的风景区。

五是服务活城，通过提高政府服务效率，提高政府公共服务水平，着力解决城镇化进程中人们所关注的民生问题，提高城镇宜居水平，从而吸引大批企业和人们进入城镇，推动城镇化建设进程。服务活城的本质特征在于全力打造服务型政府，通过高效率的政府服务水平和完善的基本公共服务能力提升城镇的吸引力和凝聚力，从而快速推动城镇化进程。

荆门掇刀新城建设是服务活城的典型。荆门市掇刀区充分利用本地城镇化的有利条件，把城镇管理的基本制度和城镇基础设施向外延伸，拓展城市空间，实现城乡发展一体化。掇刀通过团林铺集镇北扩西进和麻城集镇拓郊入市，通过"两转四集中"（以土地流转和农民转移为抓手，引导土地向规模经营集中、居住向城镇和新型社区集中、产业向现代园区集中和商贸向规范市场集中），新增建城区面积3.8平方公里，使得掇刀城镇化率达到80%。

荆门市掇刀区的主要做法是：

（1）以园区建设为抓手，做好招商引资、征地拆迁、基础配套、就业培训、失地农民养老保险办理服务，从而带动城镇就业人数新增4135人，转移劳动力1825人。

（2）以新城区建设为抓手，着力提高城区宜居水平。抓好团林铺集镇主街道、西外环线和花卉苗木长廊三大片区建设，投入1800万，改造临街房屋，启动广场建设，铺设排污管道、拓宽道路，投入2200万元，完成主干道基础设施建设和植树补绿工程，大大提高了新城的宜居水平。

（3）加大新农村建设服务能力。在全区所有行政村设置土地流转信息联络员，初步构建区、镇、村三级土地流转服务框架体系；启动土地流转服务试点，建立村级土地流转服务站，培育和引进流转经营主体220家，并且探索出"以土地流转获资金、园区务工获薪金、多元入股分股金、自主创业获奖金、政府提供保险金"的五金保障模式，引导农民向城镇和新社区转移。

（4）以城镇规划完善为抓手，推进城乡规划统一实施。按照

"园城一体、产城一体"的发展理念，完成省级开发区总体规划、控制性详规和产业规划，推进工业发展区、居民集聚区、休闲娱乐区三大片区统一，水、电、路、气、热、管廊等专业规划全域覆盖、衔接有序，保证城镇建设的基本实施。

（5）以环境整治为抓手，建立整洁社区。实行分段实施，统筹推进，完成4村225栋民房的立面改造；将垃圾收集运转服务触角向周边村落延伸，投资94万元，购置垃圾转运车，修建小型垃圾池210个，探索出"户清扫、村收集、镇运转"的农村垃圾长效保洁机制；开展清洁能源工程服务，投入资金114万元，完成240台太阳能和867户生物质炉的修建工作，使得清洁能源入户率达到85%。

总的来看，湖北各地区充分利用自身的资源优势、政策优势和产业优势，着力破解城镇建设的约束因素，因地制宜采取了不同的城镇建设模式，加大了城镇建设步伐，提高了城镇基本公共服务水平，改造了传统城镇和乡村面貌，吸引更多农民进入新社区和城镇，大大提高了湖北的城镇化水平，提升了城镇化发展质量。

二 湖北城镇建设存在的主要问题

尽管2012年湖北城镇化水平已经超过全国平均水平，并且形成了城镇建设多元化发展模式，但是还存在不少问题。

一是发展不均衡，呈现"东密西疏、一城独大"特征。2012年，湖北省80个县市区中，城镇化率超过45%的县市区只有32个，超过50%的只有17个，低于30%的县市区有5个，低于35%的有21个，城镇人口低于10万的有9个，城镇化发展区域之间差距较大。从空间布局来看，湖北省城城镇化的空间梯度特征十分明显。城镇化水平较高的地区大多聚集在武汉周边地区以及"襄荆宜"高速公路和沪蓉高速为轴地段的中心城市周围。作为全国副省级城市，武汉市"一城独大"，吸附能力强，而宜昌和襄阳这两个省域副中心城市区域辐射力不足，县城和社区人口集聚规模不足，限制了湖北城镇功能的发挥。而鄂西山区尤其是恩施地区、鄂东北大别山区城镇化水平明显偏低，平均在30%以下。

表4　湖北县级行政区2012年城镇化水平排名

地区	土地面积	年末人口数	城镇人口	城镇化水平	地区	土地面积	年末人口数	城镇人口	城镇化水平
宣恩县	2730	30.08	8.27	0.27	兴山县	2328	17.02	7.02	0.41
长阳县	3430	38.48	10.59	0.28	谷城县	2553	51.75	21.4	0.41
随县	5673	79.35	21.97	0.28	松滋市	2235	76.93	32.3	0.42
鹤峰县	2872	20.08	5.66	0.28	崇阳县	1968	39.52	16.6	0.42
来凤县	1344	24.4	7.08	0.29	广水市	2641	76.15	31.99	0.42
建始县	2666	41.39	12.34	0.30	远安县	1752	18.56	7.82	0.42
巴东县	3354	42.29	12.73	0.30	宜城市	2115	51.6	22.08	0.43
竹溪县	3585	30.94	10.09	0.33	当阳市	2159	46.66	20.53	0.44
阳新县	2783	82.02	26.76	0.33	夷陵区	3425	52.09	23.48	0.45
郧西县	3509	44.98	14.77	0.33	安陆市	1355	57.31	26.05	0.45
团风县	833	34	11.22	0.33	云梦县	604	52.58	24.06	0.46
监利县	3460	33.41	11.1	0.33	武穴市	3599	65.11	29.96	0.46
五峰县	2072	18.72	6.24	0.33	丹江口市	3121	44.61	20.67	0.46
咸丰县	2520	30.31	10.15	0.33	恩施市	3972	76.31	35.41	0.46
利川市	4603	65.72	22.25	0.34	京山县	3520	62.59	29.42	0.47
浠水县	1949	87.57	29.77	0.34	天门市	2528	133.9	63.04	0.47

续表

地区	土地面积	年末人口数	城镇人口	城镇化水平	地区	土地面积	年末人口数	城镇人口	城镇化水平
竹山县	3299	41.18	14	0.34	华容区	493	23.85	11.25	0.47
沙洋县	2044	57.36	19.52	0.34	钟祥市	4488	101.46	48.15	0.47
公安县	2258	111.35	37.9	0.34	赤壁市	1723	48.13	23.1	0.48
秭归县	2427	36.04	12.27	0.34	枣阳市	3277	98.83	47.47	0.48
房县	5110	39.31	13.53	0.34	老河口市	1032	47.87	23.28	0.49
通山县	2680	36.14	12.54	0.35	枝江市	1310	49.95	24.48	0.49
孝昌县	1217	59.16	20.6	0.35	襄州区	2306	91.34	44.95	0.49
英山县	1449	35.9	12.53	0.35	宜都市	1357	38.75	19.22	0.50
郧县	3863	56.09	19.61	0.35	汉川市	1632	102.03	50.83	0.50
蕲春县	2398	76.04	27.06	0.36	潜江市	1930	95.04	47.54	0.50
红安县	1789	60.36	21.64	0.36	新洲区	1500	85.42	43.2	0.51
罗田县	2129	54.67	19.62	0.36	仙桃市	2520	118.49	60.31	0.51
梁子湖区	500	14.35	5.15	0.36	江夏区	2010	82.19	42.31	0.51
通城县	1141	40.73	14.72	0.36	大冶市	1566	89.81	47.66	0.53
保康县	3225	25.41	9.31	0.37	应城市	1103	59.45	32.35	0.54
黄梅县	1246	86.32	31.95	0.37	蔡甸区	1108	65.3	35.64	0.55
南漳县	3859	53.79	20.02	0.37	汉南区	288	12.43	7.26	0.58
洪湖市	2221	82.56	30.78	0.37	东宝区	1645	37.11	23.8	0.64
江陵县	981	89.63	34.06	0.38	曾都区	1425	62.31	40.19	0.65
麻城市	1701	86.33	33.86	0.39	孝南区	1020	91.18	61.79	0.68
大悟县	1979	61.6	24.21	0.39	咸安区	1504	51.47	35.02	0.68
石首市	1424	56.99	22.76	0.40	鄂城区	600	67.15	49.01	0.73
黄陂区	2261	88.99	35.81	0.40	荆州区	1046	56.18	41.86	0.75
嘉鱼县	1017	31.51	12.98	0.41	黄州区	353	36.89	27.61	0.75

二是产业支撑不足，缺乏可持续发展能力。湖北各地区特别是县域经济，产业发展基础不强，政府缺乏足够财力，缺乏推动人口集聚

和提供政府税收的企业或企业集群。但是部分地方官员贪大求全，把这些不适合城镇化的区域超前城镇化，通过土地整理和耕地变更，造成农民失业、失地、政府财政收入顿减，活力不够，缺乏可持续发展能力。通过表5可以看出，湖北所有地区都存在财政赤字，荆州、黄冈、咸宁和随州的财政赤字占其财政收入的比重超过200%。由于产业发展对税收的支撑能力不足，加上地方政府对资本的过度竞争采取了过多的税收优惠，地方政府财政汲取能力严重不足，使得湖北城镇建设缺乏坚实的财力基础，不可能长期寅吃卯粮，维持城镇建设的高态势发展。

表5　　　　　湖北各地区地方财政收入与支出（2012）

地区	地方财政预算收入	税收	其他收入	地方财政预算支出	财政赤字	赤字占收入比重
武汉	828.58	666.74	161.84	885.55	56.97	0.069
黄石	65.64	46.27	19.37	139.99	74.35	1.133
十堰	76.93	58.42	18.51	207.75	130.82	1.701
宜昌	153.24	120.37	32.87	295.63	142.39	0.929
襄阳	139.85	107.15	32.7	313.97	174.12	1.245
鄂州	33.02	24.33	8.69	62.68	29.66	0.898
荆门	50.69	36.83	13.86	142.2	91.51	1.805
孝感	69.5	46.41	23.09	201.79	132.29	1.903
荆州	56.76	42.46	14.3	226.83	170.07	2.996
黄冈	62.92	40.44	22.48	271.95	209.03	3.322
咸宁	45.82	32.1	13.72	143.54	97.72	2.133
随州	22.99	17.08	5.91	85.54	62.55	2.721

三是城镇化规模与建设过于超前，造成县域资金筹措困境和过大财政压力。目前调研的每个地区都提出了雄心勃勃的城镇化发展路线图，高额的建设成本明显超过了地方政府的财政能力，迫使地方政府通过举债、拍卖土地等方式筹措资金，地方政府的债务风险进一步累

积，对房地产业的依赖进一步强化。一旦房地产业陷入困境，将引发连锁反应，造成地方政府财政汲取能力下降，甚至导致地方政府破产。在调查过程中，几乎所有的地方政府都说自己存在较大的财政缺口，甚至一个乡镇城镇建设的缺口就高达3000万。

四是城镇化特色不够鲜明。城镇建设摊大饼的趋势比较明显。城镇化摊大饼的建设方式挤占了日益紧张的耕地资源，降低了单位土地的产出水平，提高了政府基本公共服务供给的压力，造成部分社区人口集聚规模不足、只见房子不见人的"鬼城"现象。部分地区城镇建设缺乏文化特色和区域特色，尽管各地区在城镇发展规划中提出要基于本地区的人文特点和文化特色打造新城和新社区，但是基于降低成本的压力和快速推进城镇化的迫切愿望，各地区的城镇建设缺乏本地区的文化特色和区域特色，反而导致传统文化和部分历史文物消失殆尽。

三 有序推进湖北城镇建设的政策建议

尽管湖北在中部地区具有较多优势，目前城镇建设也取得很大成效，但是城镇建设是一个循序渐进的过程，必须统筹规划，有序推进。

（一）湖北城镇建设的指导思想

以科学发展观为指导，产业为支撑，规划为先导，民生为重点，设施为基础，创新为动力，共赢为目标，文化为核心来推动城镇化、全面协调发展。

（二）城建建设目标

层次分明，科学规划：即着眼于湖北独特区位优势、资源优势、技术优势、人才优势，在湖北全域构建特大城市、省级中心城市、中小城市、特色镇、新社区为一体的错落有致、层次分明的城镇体系；

打破行政区划限制，对所有城乡管辖面积进行科学规划，按照经济流向和发展潜力进行城市功能分区，编制城乡总体规划和各类产业发展规划，形成城乡统筹、相互衔接、全面覆盖的规划体系。

规模适度，设施健全：即在城镇化建设过程中不能贪大求全，要根据地方环境承载能力、产业发展水平、政府财政能力建设人口适度规模的城镇体系与社区，要采取循序渐进的方式稳步推进城镇建设；要加大财政投入力度，优化投入结构，要逐步建成和完善城镇建设和新农村社区建设过程中涉及的农村公路、安全饮水、环境整治、电网改造、国土整理、污水治理、公共交通、基础教育等一系列基础设施，提高城镇建设的宜居水平。

功能完美，管理规范：城镇建设要逐步实现城乡公共服务均等化，建立全民创业、全民教育、全民健康、全民社保、全面安居等一系列完善的公共服务体系；通过制度变革完善城镇建设管理体制机制，对涉及居民户籍管理、劳动就业、社会保障、子女入学、土地流转等问题出台一系列规范化的管理政策。

设计新颖，特色鲜明：充分发挥城镇建设中人的主观能动性，设计新颖别致的城镇建筑、文化、道路等外在载体，突出文化特色和时代特点；充分发挥区域优势和特色，避免千城一面。

产业带动，实力增强：即通过城镇建设提高城镇经济增长潜力和就业吸纳能力，实现工业化、信息化、城镇化、农业现代化，加快推动信息化和工业化深度融合、工业化和城镇化良性互动，实现城市（镇）与乡村之间相互协调、互利共赢、同步发展。

（三）湖北城镇化建设推进途径

一要明确目标，分层推进。应根据各地区城镇化、工业化和人口集聚等实际情况确立湖北城镇化发展的阶段性目标，避免超前发展、盲目发展，走循序渐进的城市化道路。湖北省应该遵循发达国家城镇化发展的一般规律，切合湖北经济社会发展实际，稳步推进城镇化建设，努力缩小与发达国家和东部沿海地区城镇化水平的差距，在

2040年左右使得城镇化率达到70%左右，并在全域范围内形成规模结构适宜、空间布局合理、大中小城镇和新社区协调发展的湖北城镇网络体系。湖北各地市县在制定城镇化发展规划的过程中要结合本地区当前城镇化水平、地方政府财政汲取能力和偿债能力、人口集聚能力和环境承载能力，合理制定城镇化发展目标，避免城镇化超前发展，造成政府累积债务风险较大、城镇集聚人口过低、城镇高楼林立基本公共服务却不完善的窘境。

结合发达国家城镇化的基本规律和湖北城镇建设的现实约束与发展潜力，湖北城镇化目标可以遵循"三步走"的发展战略：

第一阶段（目前到2020年）：按照2012年湖北城镇化率53.5%的水平，每年递增1个百分点（参考全国城镇化平均推进速度），使得全省2020年城镇化水平到达60%左右。根据国家户籍制度改革目标，建议城镇化水平用城镇户籍人口占总人口的比重这一数据衡量可能更加客观真实。要逐步形成比较完善的湖北城镇体系框架，大中城市功能明显提升，三大城市群（武汉城市圈、"宜荆荆"和"襄十随"）综合经济实力明显增强，一批具有地域特色的小城镇和产业集镇和新社区成为农村地域性经济增长的推动力。

第二步（从2021年到2030年）：全省城镇化水平达到65%，将进入城镇化的现代化阶段，发展速度趋缓。此阶段应逐步扩大各级城镇规模，提升城镇形象，完善城镇功能，提高城镇化发展质量，建成10个以上市辖人口数100万以上的大城市，全省特色镇和新社区的建设进入全新发展阶段。

第三步（2040年前后）：湖北省的城镇化水平达到70%左右，达到发达国家城镇化水平，基本完成湖北城镇化进程，建成以武汉为综合性中心城市和职能互补的两大副省级中心城市（宜昌市和襄阳市）为核心，构成20个市辖人口数超过100万以上的大城市、1000个功能完善的小城镇和10000个新社区，形成交通有机联通、功能完善互补、要素充分流动的立体化城镇体系。

二要多元筹资，合力打造。要充分利用社会各阶层力量，充分发挥现有优势和利用现有资源,通过产镇融合、以产立城,整合资源、合力兴城,以工促农、企业建城,合资合作、农民造城,引资引策、科技强城,上下联动、联手建城等方式,形成多层次的发展模式。要全力启动民间资本,放开民间资本进入城镇基础设施、公用事业领域的各类限制,除特定行业外,实行民资进入"零门槛"。在城镇基础设施建设方面,积极引导社会资金,采用PPP、BOT、BOO、BBO等各种模式,实行开发承包投入,走出一条共建共赢、独具特色的城镇基础设施建设路子。结合十八届三中全会提出的"建立财政转移支付同农业转移人口市民化挂钩机制",推进财政转移支付制度改革,弥补地方政府城镇化建设资金缺口。

其一产镇融合,以产业兴城。依托特色产业带动,湖北许多小城镇,如鄂州的燕矶镇已经形成的金刚石刀具加工产业,吸引了大批农村富余劳动力进入小城镇安家落户。产业兴城模式的主要特点是工业或者服务业已经成为地区经济的支柱产业,工业产值占社会总产值的比重较高,城乡经济的发展主要依赖于工业的发展。湖北省工业优势突出的县域经济、开发区和特色产业集镇,适合使用这种模式推动城镇化建设和发展。

其二聚集优势,以社区活城或服务活城。要充分利用湖北产业农业资源优势,通过规划引导、迁村腾地、项目拆迁、城中村改造、产业培育、环境整治,探索传统乡村向新型社区的转变。政府要通过统一整村规划、统一产业布局、统一基础设施、统一公共服务、统一建筑风格,实施农村公路、安全饮水、环境连片整治、电网改造、土地整理、扶贫开发、沼气工程,集村并居,建立新型农村社区,改善农村生产生活环境。湖北包括江汉平原在内的平原地区和丘陵地带可以采取这一模式发展,充分发挥农业资源丰富而有特色的特点,依托自然资源优势发展以农产品、农产品加工业和第三产业为主导产业和农村居民集中在社区的发展模式。

其三以工带农,以企业建城。在多年的改革开放进程中,湖北各地区均诞生了一批大型企业或企业集群,这些企业就业带动能力强,从而可以企业为中心扩展，构建新城，将就业人口转化为本地区城镇人口。湖北目前拥有130多个开发园区和多个产业集群集镇，可以通过户籍制度改革逐步吸收企业的就业人口转化为城镇居民，通过均等化的公共服务提升城镇发展质量。

其四立足资源，以生态立城。湖北武陵山区和大别山区，风景优美，湖北未来要正确处理好综合开发与治理的关系，结合生态型城镇体系的规划理念，从产业结构调整到空间结构优化都以生态理念和经济社会发展作为矛盾统一体加以协调规划，把现有的各类城镇建成美丽富饶的山水城市。

三要彰显特色，打造品牌。要立足于湖北各地区在产业、区域、交通、资源、生态、人文等方面的优势，彰显文化、建筑、产业、民族、生态等特色，着力打造品牌城镇。要充分挖掘湖北荆楚文化特色，充分发挥想象能力，使得湖北城镇建设由千人一面到个性多样、功能齐全、产业支撑、建筑风情和文化多元。改革开放后，我国的建筑风格大量参照西方模式，以摩天大楼和繁华街区为中心，配合高架和大桥构筑城市立体空间，导致包括湖北在内的城市建设一致无异，枯燥乏味。过于强制性与国际接轨，忽略了城市本身的文化底蕴和功能趋同，反而容易失去自我。湖北各地区城镇建设要脱离形式主义的羁绊，抓住湖北各地区荆楚文化历史悠久和形态独特的特点，创造符合自身的山水园林形象，让城市建设在文化传承与发展中具备人文关怀。

首先要完善城镇功能。目前，各种规划的城镇承担不一样的发展功能。武汉作为特大中心城市，要从"中部中心"迈向"全国中心"，积极培育中心城市四大功能，发挥在长江中游地区的区域引领和核心作用：面向沿海、内陆两大市场，内陆与沿海地区大宗商品交易集散的控制中心，打造中部"面向沿海、辐射内陆"的国家级门户枢纽；长江中游地区对外联系的交通主枢纽；发挥"大流通"优势，通过枢纽建设和网络构建，打造"聚中部、通全国"的国家级综合物流中心；利用大工业基础和智力资源，构建具有国家竞争力的产业中心、创新中心和创业中心；重视高端职能的培育，争取国家金融政策支持，打造中部地区商贸金融服务中心，为长江中游地区提供高端生产服务业支撑；借助东湖自主创新区和两型社会试验区建设的国家政策，率先成为长江中游地区创新改革试验先锋城市；实施区域全面开放，争取与国际接轨的开放功能，成为长江中游地区对外开放的平台。

其次要彰显产业特色。要立足资源禀赋，以各地区产业为基础促进城镇建设协调推进。要以汽车产业为龙头，大力发展先进制造业基地。目前，武汉、襄阳、十堰的三大汽车产业集群已成为湖北省汽车产业的排头兵。未来，应以武汉、襄阳、十堰、随州、鄂州、黄冈、孝感的城市建设为重点，充分发挥各地区现有的技术优势，通过整车带动、合资合作、零部件配套发展和自主品牌开发使湖北汽车产业发展成为在国内外具有较强竞争力对省内其他产业有较强带动作用的品牌产业。依托科教优势，加大科技创新，以高新技术、新兴产业为基础建设一批产业新城。要以国家级、省级高新区为依托，积极发展光电通信、生物医药等高新技术产业，发展新能源、新材料等战略性新兴产业新城和新镇，形成快速发展的高新技术产业群，使其迅速成长为省域新兴主导产业，推进全省产业结构优化升级。要实现服务生产与消费升级并重，强化现代服务业发展，打造包括交通运输、金融商贸以及科教文卫等为一体的"大服务业概念"的产业新城。要打破体制机制束缚，促进传统农业向现代农业转变，促进传统农村向新型社区转型。

其三要体现建筑风格。首先要植根于荆楚建筑文化特色，多方收集各地区建筑的内涵与特点，并建立相应的各地区建筑数据库。其次要培育建筑创意产业的龙头企业，鼓励企业参与各地区城镇建设发展规划和监督执行，打造富有传统建筑特色的民居、社区、街道和公园，使得各地区城镇建设具有深厚的建筑特色和民族风情。

最后要挖掘荆楚文化内涵。一方面要深化文化体制改革，建立荆楚文化数据库。还要推动文化产业发展，塑造文化竞争力的文化新区。发展壮大出版发行、影视制作、印刷、广告、演艺、娱乐、会展等传统文化产业，加快发展文化创意、数字出版、移动多媒体、动漫游戏等新兴文化产业，构建结构合理、门类齐全、科技含量高、富有创意、竞争力强的现代文化产业体系和先进文化新城镇。加强文化产业基地和文化创业创意园区的规划和建设，发展文化产业集群，提高文化产业规模化、集约化、专业化水平。推动文化产业与旅游、体育、信息、物流、建筑等产业融合发展，增加相关产业文化含量，延伸文化产业链，提高附加值。进一步推进文化科技创新，健全以企业为主体、市场为导向、产学研相结合的文化技术创新体系，培育一批特色鲜明、创新能力强的文化科技企业，支持产学研战略联盟和公共服务平台建设。拓展大众文化消费市场，开发特色文化消费，扩大文化服务消费，提供个性化、大众化的文化产品和服务，培育新的文化消费增长点。积极发展文化旅游，促进非物质文化遗产保护传承与旅游相结合，发挥旅游对文化消费的促进作用。

四要强化管理，提升水平。行政体制上，必须简政放权，重点构建服务平台，赋予基层活力。要逐步改变按照行政等级配置公共资源的管理体制，简化行政层级，适时适度调整行政区规模和管理幅度。对经济总量较大、吸纳人口较多的县城和小城镇，要赋予与此相适应的经济社会管理权限。要科学设置管理机制和人员编制，提高政府履行公共服务和社会管理的能力。推动基层政府行政职能归位，服务职能下移，创新社区管理和社会组织管理体制。

执法体制上，要保障城镇居民合法权益。为了确保城镇化建设和城乡发展一体化有序推进、健康发展，各级政府必须切实加强领导，坚持从实际出发，试点先行，重点突破；鼓励大胆创新，靠改革破解发展难题；坚持求真务实、循序渐进，不搞形式主义，不搞形象工程，摆脱利益集团影响，确切保证城镇居民的合法权益。

监管体质上，要健全多元一体机制。要充分发挥城镇居民和社会媒体的积极性，凡涉及到规划、环境、住房、社会保障、交通收费等与城乡居民生产生活密切相关的重大决策，必须按规定履行听证程序和监督制度，广泛征求群众的意见，倾听人民群众的呼声，提高决策的科学性和监督的有效性。

五要综合利用，拓展空间。提高城镇化发展质量，避免城市摊大饼的粗放型发展方式，提倡精明增长的发展方式。我国目前的耕地存量已经逼近18亿亩耕地红线，绝大部分的耕地减少都与建设用地挤占有关，湖北作为农业大省，耕地资源尤为宝贵。当前湖北建设用地占到所有减少耕地面积的75%以上。但是高速扩张的建设用地效率却很低下，单位面积产出远远低于发达国家。耕地资源的有限性要求我们改变当前摊大饼的粗放型城镇发展模式，树立精明增长的紧凑型发展模式。精明增长的核心内容是：用足城市存量空间，减少盲目扩张；加强对现有社区的重建，重新开发废弃、污染工业用地，以节约基础设施和公共服务成本；生活和就业尽量拉近距离，减少基础设施和房屋建设成本以及交通成本。

一方面，将土地利用、建设密度和公共交通规划一体考虑。要着力提高新区公共交通的通达性，在越靠近公共交通枢纽的位置，应配置可能产生大交通量出行的土地功能，包括公共设施和与商业发展相关的就业岗位。以公共交通站点为中心、以400～800米（5～10分钟步行路程）为半径划定站点核心区域，站点核心区功能由近及远分别布置商业、办公、金融、文化、教育、医疗、居住等，站点周边高强度开发，释放外围空间。

另一方面，实现土地的立体式规划。城镇建设用地要逐步向空间扩展，向多功能交叉利用用地方向扩展，把不同类型公共设施用地或其他类用地联合起来，如一座楼可把底层作为停车场，1～2层为综合市场，再上层作为行政办公或居住及仓储等，即几类设施共同占用一块土地，以减少独自占用土地造成的浪费。

还要按照"紧凑城市"的要求，最大限度地利用城市土地，尤其是那些空闲、荒废和被污染的土地，保护农村和城区中重要的开阔地，作为生态功能区加以利用，提高城镇的人均绿地面积。同时，最大限度利用已有的基础设施，包括学校公共交通、高速公路、下水道、废物处理和其他公用设施，完善城镇的居住服务配套能力，以降低经济成本、环境成本和社会成本。

六要推进改革，完善市场。必须进一步改革户籍和人口管理制度，创新和完善人口服务和管理制度，促进人口有序流动、合理分布。要按照"公平公正、分类推进、统筹规划、稳妥有序"的原则，稳步推进户籍制度改革。根据城市规模和综合承载能力，以就业年限或居住年限或城镇社会保险参与年限为基准，由各类城市制定公平合理的农民工落户标准，引导农民工形成合理预期和流向。建立健全户籍和居住证并行、补充衔接的人口管理体系，逐步建立城乡一体、以居住地为依据的人口登记制度，最终消除城乡分割的二元户籍制度。要按照小城镇、中小城市、大城市、特大城市对人口分层管理，根据不同类型城镇和具体的人群逐次放宽户口限制，引导人口有序迁移和适度聚集。合理控制特大和超大城市人口规模。

必须进一步深化土地制度改革。积极推进农村集体所有制土地经营权确认办证制度，抓紧研究现有土地承包关系保持稳定并长久不变的具体实现形式，完善相关法律制度。坚持依法自愿有偿原则，通过转包、出租、入股、土地信用合作社等多种形式，引导农村土地承包经营权有序流转，鼓励和支持承包土地向专业大户、家庭农场、农民合作社流转，发展多种形式的适度规模经营，提高农业劳动生产率，增加农民收入。规范土地流转程序，逐步健全县乡村三级服务网络，强化信息沟通、政策咨询、合同签订、价格评估等流转服务。

必须在农民自愿的前提下，适度推进农民宅基地整理、复垦以及促进农民集中居住，以集约利用土地，同时为城镇化进程推进提供土地储备。

（撰稿人：汤学兵、张绍焱）

专题六

湖北省城乡发展一体化的体制机制研究

党的十八大提出"推动城乡发展一体化",并对此做出了具体的部署,这是工业化、城镇化、信息化和农业现代化"四化同步"协调发展和全面建成小康社会奋斗目标的重要组成部分。从十六大提出"统筹城乡经济社会",到十八大提出"推动城乡发展一体化",体现了我国经济社会发展战略的进一步深化。党的十八届三中全会通过的《中共中央关于全面深化改革若干重大问题的决定》进一步提出要健全城乡发展一体化体制机制。

城乡发展一体化,体制机制创新是关键。湖北省城乡一体化的推进必须从改革创新制度、完善体制机制入手,破除造成城乡分割的各种体制和障碍,建立城乡经济社会发展一体化的各项制度,实现劳动力、技术、资金、资源等生产要素在城市与农村之间合理流动和配置,各产业间互动协调发展,城乡经济发展方式、居民生活方式、思想观念的广泛融合。

一 各地城乡一体化实践的经验

2008年,城乡一体化工作开始在鄂州市开始试点。当年11月,湖北省委省政府批准鄂州市为全省统筹城乡发展改革试点城市。鄂州市提出了城乡规划、产业布局、基础设施、公共服务、社会管理、市场体系"六个一体化"的城乡一体化发展战略。2009年5月,鄂州市委对鄂州市推进城乡一体化工作进行全面动员和部署。2010年5月，为进一步探索不同类型地区城乡一体化的路子，加快推进全省城乡一体化进程，省委、省政府研究决定，在继续深入推进鄂州市城乡一体化试点工作的同时，将仙桃、洪湖、监利、宜都、大冶、掇刀6个市（县、区）纳入全省城乡一体化扩大试点范围。

经过几年的实践，各地在破除造成城乡分割的各种体制机制障碍、形成有效促进城乡一体化发展的机制方面取得了巨大成绩，积累了不少经验。主要表现在：

（一）整合资源，逐步建立科学的管理机制

1. 加强领导，健全目标责任机制。

在推进城乡一体化建设中，各级党委、政府高度重视，集思广益，科学决策。主要领导亲自抓，切实加强调查研究和工作指导。如鄂州市建立与城乡一体化相适应的行政管理体制，整合城建、财政和涉农部门相关职能，组建市统筹城乡发展办公室，负责协调全市城乡一体化工作。出台《关于统筹城乡发展推进城乡一体化的决定》等文件，编制8个改革试点方案和3个管理方法，形成了完善的政策体系。荆门市成立了推进新型城镇化和城乡一体化工作领导小组，加强对推进"两化"工作中重大问题的协调，研究制定政策措施。农办负责推进城乡一体化工作；住建委负责抓好中心城区建设，制定中心城区"三村"改造方案和保障房建设，研究出台解决农民工进城务工、落户的城镇住房保障政策；编办负责制定镇级市试点工作方案，并抓好组织实施；规划局负责编制市域城乡建设规划，并组织指导实施；公安部门负责抓好人口户籍管理改革，财政局负责经费保障和投入，人社局负责制定农村劳动力转移就业培训规划和配套社保政策，国土资源局负责研究土地利用政策，制定新增建设用地指标分配使用制度；教育、卫生、文体等部门制定相关配套政策。各部门按照职能和职责分工，加强协调配合，建立目标责任制。

2. 整合职能，健全科学运行机制。

为了确保城乡发展一体化有序推进、健康发展，各级政府，尤其是试点县（区），切实加强领导，整合政府各方资源，调整充实行政管理职能。如黄石市按照"横向大部制、纵向扁平化、全局整合资源"的思路，积极开展大部制改革试点。一是按照理顺关系、合理配置、权责一致的原则，对区直部门进行了调整，很大程度上解决了部门重叠、职责交叉、关系不顺、权责不明的问题。铁山区党政部门改革前共有15个，改革后调整为7个，精简率达到53.3%，下陆区党群部门改革前共有33个，改革后调整为24个，减少了9个。二是围绕压层次，实行扁平管理。两城区都撤销了街道办事处。铁山区撤销鹿獐山街道办事处和铁山街道办事处两个政府派出机构，将所有行政管理职能还原给政府所属部门。部分服务职能按照"费随事转"原则委托给社区开展。撤销部门区属二级事业单位。改革前，铁山区各类事业单位44家（不含学校、医院、环卫等），改革后设置19家，精减率为56.8%。下陆区撤销3个街道办事处，将其经济管理、公共服务等职能划归区直各部门。与此同时，按照社区规模适度、管理幅度合理、资源配置优化的原则，构建大社区管理格局。三是扩大基层管理权限。如2012年4月，宜昌市夷陵区龙泉镇进行行政管理体制改革试点，建立完善区镇行政管理与基层群众自治的有效衔接和良性互动机制。扩大管理权限，赋予镇党委对副科级干部、中层干部充分的管理权；按照法律法规的规定，受区政府或相关主管部门委托的行政执法权；由龙泉镇直接管理的单位，其行政审批权由龙泉镇负责，经批准暂仍由原派出机关或部门管理的，要把能下放的审批权下放到龙泉镇派驻机构，简化办事程序。如荆门市充分放权于区，不仅按省要求将东宝区纳入比照县（市）管理范围，而且对掇刀区也最大限度地下放权限，目前在规划、计划、申报、审批方面，除国家、省明确规定必须由市一级审批、备案的项目外，两区与县（市）在计划管理权限上基本一致。

3. 利用社会资源，健全多元化监督机制。

在推进城乡一体化发展的过程中，各地不断完善决策，执行和监督机制，推动决策民主化，凡涉及到规划、环境、住房、社会保障、交通收费等与城乡居民生产生活密切相关的重大决策，按规定履行听证程序，广泛征求群众的意见，倾听人民群众的呼声，加强人民群众和社会的监督，提高决策的科学性，增强执行的实效性。加强对政务服务和公共资源交易活动的监督检查。加强对招投标法及实施条例、首席代表制、一次告知制、限时办结制、联合审批制等一系列政务服务和招投标法律法规制度执行情况的监督，确保法律法规制度落到实处；加强对审批事项、流程和时限的监管，督促各部门审批事项应进必进、审批程序规范高效；加强对窗口首席代表、市综合招标投标中心和机关重点岗位人员的监督，确保依法廉洁行政。

（二）深化改革，健全各项保障机制

1. 深化户籍制度改革，健全人力资源有效配置机制。

试点县区通过改革户籍制度，推进一元化户籍管理制度，取消对农业和非农业户口性质的划分，同时相继出台了一系列政策和措施，促进农村人口在居住、就业、教育、社保、医疗、基础设施等方面逐步享受到与城市人口同样的待遇。这些政策和措施的贯彻实施，促进了人口在城乡间的有序流动。农村人口进入城镇的限制和不公平待遇逐步消除，城镇社会经济的发展对农村人口的吸引力加大，使湖北人口城镇化水平明显提高，城乡结构不断优化。2009年开始，鄂州以关注民生、服务民生为"着眼点"，强力推进户籍管理城乡一体化。该市相继落实了一系列一元化户籍改革政策，公安、劳保、人事、民政、教育、计生等部门，整体联动，逐步实现了城乡居民医疗保障、养老保险、居民最低社会保障、义务教育和就业服务等"五个均衡一体"，协调解决户籍改革工作的各种难题。全部取消了农业、非农业、自理口粮、"四场"、菜农等各类户口性质，按实际居住地统一登记为"湖北居民户口"，实现了城乡两种户籍管理机制的改变。

2010年10月，在其他试点区域也推行了户籍制度改革，取消农业户口和非农业户口性质，实行县（市、区）域统一的户口登记和迁移制度。对具有合法固定住所、相对稳定职业或合法生活来源的人员，准予在县（市、区）城关或小城镇落户，并在就业、教育、医疗等方面进行了配套改革。如掇刀区的麻城等镇设有公共就业服务中心，建立稳定的免费就业服务和免费再就业培训资金投入机制，向城乡居民提供同样的就业咨询与培训，通过这个平台实现就业信息共享；取消不公平的就业门槛限制，无论城市居民还是农村居民都统一安排就业。

2. 加强土地流转制度改革，建立自愿、公平交易机制和平台

推进农村土地适度规模经营，是适应工业化、城镇化发展，加快城乡统筹，建设农业强省的迫切需要。全省各地围绕现代农业示范区和新农村试点村镇建设，创新机制，积极探索龙头带动型、村企共建型、股份合作型、土地整治型、合作社经营型等土地流转模式，土地流转正向集团化、板块化、产业链条化发展。

一是大力培育规模经营主体。各地出台农村产权抵押贷款等支持政策，鼓励和引导有实力的大户、龙头企业、合作社、城市资本等进入农村成为流转主体。如荆门市通过农村土地流转获取土地经营权，2012年开展集中连片生产经营的现代农业领军人物、农业科技示范户、种田能手等单一经营主体达到3689个，参与农村土地流转的农民专业合作社达到310个。

二是推进土地集中连片流转。按照强龙头、建基地、带农户、促发展的思路，大力引进龙头企业，发展土地股份合作社。开展土地承包经营权"定量不定位、定权不定地"试点，积极推行先集后转、先股后转的流转形式，解决流转土地细碎化问题。对现有的土地专业合作社探索股份化改造的办法，做到宜股则股。如荆门市推动整村整镇土地流转，涌现出彭墩、王坪、义合、虎山、荆钟等整村流转的典型，并向一村带多村裂变。钟祥市石牌镇、沙洋县官挡镇等正在探索土地整镇流转。

三是搭建土地流转服务平台。一些地方按照"政府主导、市场运作"的思路，整合资源，建立健全县、乡、村三级土地流转服务体系，开展政策咨询、信息发布、土地评估、产权交易、合同鉴证、纠纷调处等工作，为广大农民和经营业主提供规范、高效、优质的服务。如鄂州市制定了《关于加快推进农村产权制度改革的指导意见》及5个实施方案。农村土地确权颁证工作全面展开。整合国土资源局和市农委相关职能和资源，依托市国土资源局现有的交易平台，建立了农村综合产权交易所，负责宣传全市农村产权流转法律法规和政策，提供信息咨询、供需洽谈、交易鉴证、跟踪监督等服务，组织开展农村产权、建设用地挂钩指标和耕地占补平衡指标等交易活动。农村各类产权采取协议转让、招标、拍卖、挂牌、电子竞价等方式进行交易。建立健全市、县、乡三级农村土地流转服务体系，在各县市区建立农村综合产权交易平台和农村土地流转综合服务大厅，乡镇建立土地流转交易服务大厅，各村设立土地流转信息员，强化土地流转信息沟通、政策咨询、合同签订、价格评估等服务。

四是抓土地适度规模经营。各地先后出台《加快农村土地流转推动土地适度规模经营的意见》。加快培育专业大户、家庭农场、农民合作社和农业产业化龙头企业等新型农业生产经营主体，探索出公司租赁、返租倒包、大户承包、土地入股等多种流转模式，推动土地"小型大规模"流转。如掇刀区重点扶持了双碑现代循环产业园、中国农谷万亩蓝莓产业园、花卉苗木科技园等三大现代农业园区开展土地流转，示范效应明显。同时，制定全市家庭农场认定标准、登记办法及扶持政策，在各县市区开展农村家庭农场注册登记试点。新发展土地股份合作社7家以上，开展资金互助合作社试点。鄂州市2012年通过出租、互换、入股、转包等方式共流转土地面积22.16万亩。一些企业成片租赁土地，建立原料生产基地，形成大面积的规模经营。武汉市超大集团以每亩每年260元的价格，租赁新洲区龙王咀农场5000亩土地，建设蔬菜产业园，成为武汉市双柳10万亩无公害蔬菜产业板块中的亮点。

五是抓农民转移培训。按照"规划到户、培训到人"的要求，整合农业、教育、科技、人社、住建、旅游、扶贫、工会、共青团、妇联、残联等部门培训资源，加大对农村劳动力职业技能培训。目前掇刀区农民采取出租、入股、置换等方式流转土地7.43万余亩，占全区农地总面积23.5%。同时，对流转土地的农民，全区探索出"以土地流转收租金、园区务工获薪金、多元入股分股金、自主创业得奖金、政府提供保险金"的"五金"保障模式，着力引导他们向城镇和新社区转移。

3. 强化行政体制改革，健全规范、公平的服务管理体制

2012年，鄂州市在葛店开发区撤销乡镇政府，组建功能区，逐步将区以下管理的学校和医院上划市级管理，实现基本公共服务市级统筹、标准统一。功能区集中精力抓经济建设，政府公共服务和社会管理重心下沉到农村新社区，从"市—区—乡镇—村"三级政府四级管理，转变成"市—功能区—新社区"一级政府三级管理。

各地尤其是试点县区，精简审批事项，优化审批流程。如鄂州葛店开发区，行政审批事项由380项精简至74项，市场准入类项目审批时限由56个工作日缩短为5个工作日。荆门市组织42个窗口部门进一步简化和压缩申报资料、审批环节和承诺时限。通过流程再造，现有190个审批事项。申报资料由1081个减少到930个，由平均5.7个减少到4.9个，精简14%；审批环节由681个减少到578个，承诺时限由2098天减少到1542天。还有些地方推行了"扩权强镇"改革试点，采取直接下放项目审批、社会管理、综合执法等行政管理权和委托执法、联合执法、派驻机构等办法，对镇赋予部分县级经济社会管理权限。如2011年荆门进行发达镇行政管理体制改革，赋予试点镇相应的经济社会管理权限。各县（市、区）政府按照"充分授权、权责统一"的原则，赋予试点镇部分县级经济社会管理权限，强化镇级管理职能。按照建设和管理镇级市的要求，积极争取省级相关部门支持，将县级政府及其部门承担的产业发展、项目投资、规划建设、财政预算、土地出让、城镇管理、生态保护、市场监管、安全生

产、户籍管理、市政交通等经济社会管理方面的权限，下放到试点镇。放权的方式有以下三种：直接放权。按照"能放尽放"的原则，将部分经济社会管理权限由县级政府和部门直接交给试点镇行使。宜昌市调整基层机构设置，在街道层面建立"三个中心"，在社区对应成立"三个站"，建立起市、区、街道、社区、网格五级新型社会服务平台。鄂州市围绕重心下移，推行新社区体制。跳出政府内部分工局限，大胆将公共服务和社会管理重心下沉到社区，交给社会和基层组织。按照"力量下移、经费下移、工作重心下移"的目标，以电子政务和网格化管理为抓手，在葛店大湾社区等全市7个试点推行新社区体制。

总之，各地的改革，使行政体制更好地满足了人民群众的需要，构建起了精简高效、运转协调的行政构架和服务有力、便民利民的管理体系。

（三）健全信息网络，完善综合服务运行机制

各地按照城乡一体化的要求，逐步建立"城乡一体化、社区（村）网格化、管理信息化、服务多元化"的社会管理格局。

1. 健全信息网络，完善综合服务平台

整合部门基础信息，构建市、区、镇（街）、社区（村）多级综合性信息平台。如宜昌依托电子政务专网，整合公安、人社、民政、司法、房管、工商、计生、卫生、教育、残联等部门信息资源，建立起多方响应的人口基础信息共享交换平台。通过这个平台，将收集的各类人口信息与部门信息进行关联、比对、核查，形成包括人口、房屋、就业、社保、计生、信用等9大类、189个子项的人口基础信息数据库。网格管理员根据"两实"调查和人口普查的基础数据，通过"社区E通"进行录入，汇集近数亿条信息数据，可以实现对每个人从出生、入园、入学、就业、结婚、生育、养老，一直到去世的全程跟踪和管理服务。公安、司法、民政、卫生等部门对25779名吸毒人员、艾滋病人、刑释解教人员、社区矫正对象、精神病人等重点

人群进行信息录入和数据图层叠加工作。鄂州市对网格实行数字化、动态化管理，发挥"社区E—通"功能，既为群众提供公共服务指南、科技服务信息等相关服务，又为推动基层民主自治、民主管理创造条件，实现社会管理由防控型向服务型转变。一些地方整合面向社区居民的各类社会服务，利用信息化技术，与有关部门和组织的业务处理系统对接，建立了社区前台受理——部门（组织）后台办理——社区前台回复的运行模式。政府职能部门把凡是可以由社区代办的行政服务事项，下放到社区综合服务平台办理，居民不出社区就可以享受到便捷的服务。

2. 健全服务队伍标准，完善服务内容

政府职能部门把凡是可以由社区代办的行政服务事项，下放到社区综合服务平台办理，通过电子政务系统、社区窗口受理、政府部门后台审批，推动公共服务审批进社区，农民可以直接在农村社区公共服务站办理政府公共服务审批事项。如鄂州市首批进社区的有33个服务项目（其中，结婚证、生育服务证、残疾人证等12项立等可取，城乡居民最低生活保障、大病医疗救助、生育二孩指标申请等11项限时办结，城乡居民医疗保险、城乡居民社会养老保险、各类农业直补等10项定期办理），基本实现群众办事不出社区。同时，创新"印章分授"体制，制作全市统一的"鄂州市人民政府行政确认专用章"替代职能部门钢印，统一编号到每个试点社区。宜昌市则依托基层便民服务中心（站），建立社区综合服务管理平台，推动行政服务、社会服务、法律服务等三类服务进社区。整合面向社区居民的各类社会服务，利用信息化技术，与有关部门和组织的业务处理系统对接，建立了社区前台受理——部门（组织）后台办理——社区前台回复的运行模式。发挥政府的主导作用，积极动员各类组织、社会力量参与社区服务，大力实施"闲散青少年志能激发、刑释解教人员帮扶安置、吸毒人员管控关爱、精神病人救治康复、留守儿童亲情关爱、空巢老人孝亲服务"等工程。组织法学会、律师协会、消协等组织，开展"法制宣传、法律援助、法律咨询、消费维权"

进社区活动。市区涌现出"孙万清平台"、"爱心超市"、"明跃热线"、"平价医疗"、"农民工公寓"等一批特色社区服务的典范。

3. 建立网格化管理，提升综合服务水平

鄂州市推进市域网格化管理全覆盖，按照"一格一员"要求配备网格员；在网格中建立"邻里互助组"，推动邻里生产互助、困难互帮、平安互建。整合部门基础信息，构建综合性的信息平台，实现网格管理数字化、动态化。发挥"社区 E 通"功能，既为群众提供服务，又为推动基层民主自治、民主管理创造条件。宜昌市创新社区管理的网格化、信息化、联动化管理模式，将 5 个城区 112 个社区，划分成 1110 个网格。每个网格涵盖 200 户至 300 户居民，安排 1 名专职网格员负责管理。网格员在网格内每天两次巡查，或上门入户调查。网格员通过全市联网的"社区 E 通"的智能手机，就可以将居民、网格员、社情民意与信息平台连成一体，即时发布。

（四）拓展途径，健全科学投融资体制

各地采取多种措施，加大融资创新力度，逐步建立起政府主导、市场运作、渠道畅通、支持有力的多元化投融资新体制。

1. 确立政府责任主体，加大财政投入。

各地加大财政支农投入力度，土地出让收益按中央和省规定的比例计提，用于农业土地开发和城镇、农村基础设施建设。各级财政逐年增加小城镇建设资金投入，继续实行重点镇城市维护建设税全额留存制度，用于支持重点镇建设。在建制镇恢复征收城市基础设施配套费，开征污水处理费，所收费用全部用于镇乡公用事业和基础设施的建设、维护。如鄂州市 2010 年到 2012 年市级财政投向城乡一体化建设资金达 11.6 亿元。

2. 整合项目资金，提高资金效益。

各地按照"渠道不乱、用途不变、优势互补、各记其功"的要求，整合资金，打捆使用，做到"各炒一盘菜、共办一桌席"，提高投资效益。加强对政策性资金的监管，确保资金使用安全，提高财政资金使用效益。在鄂州市城乡一体化建设试点中，湖北省成立了支持鄂州城乡一体化试点工作领导小组，建立了由省直部门和鄂州市共同参加的联席会议制度。36家省直部门与鄂州市建立了"厅市共建"合作机制，分别挂点一个村，进行"一对一"共建，各厅强调实行多元化筹资，加大财政投入，强化资源整合。

（3）健全扶持政策，激活民间资本。

积极培育多元化的投融资主体，放宽民间资本进入城乡基础设施、公用事业领域的限制，鼓励支持城建企业资产重组、发行建设债券和上市工作，引导不同经济成分和各类投资主体参与城镇建设。如制定配套政策，鼓励支持企业投资城镇开发和新农村建设。大力发展新型农村金融机构，创新符合农村需求的金融产品，深入开展金融业机构、业务、人员"三下乡"活动，提高农村金融服务水平。如荆门市创新城乡金融服务机制，引进了掇刀招商银行等一批村镇银行、贷款公司，推动城市资本上山下乡，成立市农业发展投资有限责任公司。鄂州市整合农口部分经营性国有资产和财政支农资金，吸纳市城投公司以及社会资本投资，组建市农业发展投资有限责任公司（以下简称"农发投"），农发投为市属政策性国有控股公司，严格遵循政企分开、政事分开、政资分开、管办分开的原则。

二 城乡一体化建设面临的问题

城乡发展一体化就是将城市和农村作为一个有机的整体，进行统一规划，科学布局，使各地区的优势得以充分的发挥，实现城乡社会经济生产有机互补、城乡生活水平趋于平等，建构起一种新的城乡关系。从各地的实践看，城乡一体化工作虽然取得了一定成效，在机制创新、政策导向、资金投入等方面探索了一些方法，也通过深入有效的实践积累了一些经验，但桎梏城乡一体化快速发展的困难和问题依然存在。主要表现为：

(一) 重工轻农，城乡统筹观念未树立

当前，全省范围内普遍存在"重城轻乡"的思想，致使各项经济社会发展的制度、政策都显示出了较多的城市偏向。一些职能部门特别是领导干部对"三农"工作缺乏认识，导致在落实各项强农惠农扶农政策上做表面文章、搞形象工程，政策落实难以取得实效。一些职能部门往往就农村抓农村、就城市抓城市，形成"城市、农村两张皮、两股劲"。一方面把城乡一体化建设简单地理解为对农村给予物质和资金上的支持，没有从城乡互动、共同发展的高度去认识，缺乏对城乡协调发展的通盘考虑，城乡一体化发展的良好氛围还没有真正形成。另一方面把城镇化等同于城市建设，认为城镇化就是"多盖房子多修路"，认为城镇化就是城市自身的美化、绿化和亮化。结果是，各地的城市出现普遍的景观"克隆"现象，"千城一面"，城市缺乏自身的特色。

还有一些地方在城镇化建设中存在盲目追求城镇化率提高的现象。对于城镇化而言，解决好进城农民的就业、城镇的环境、居民的社会保障，以及产业发展等问题才是根本；放开户籍的歧视性限制，把农业户籍人口转为城镇人口，只是"流"而不是"源"。但是，一些地方领导存在错误的认识，单纯通过"突击批户口"或单纯通过行政区划调整（乡改镇、镇改县、县改市）来扩大辖区面积、增加城市人口来提高城镇化率，这种做法对于我国的城镇化发展而言，是毫无意义的。

(二) 城乡分割，城乡一体化协调机制不健全

城乡二元结构是我国城乡一体化发展绕不开的深层次矛盾。与城乡二元体制相对应的相关法律和政策，已成为制约城乡一体化的瓶颈。主要包括土地政策和制度、户籍管理制度和法律体系、财政投入体制、农村金融体制、行政管理体制等。比如，由于城乡二元户籍分割，进城务工农民总体上仍无法融入当地社会，享受不到同城同待遇，全国

一盘棋的社保动态管理体系无法建立。再如，农村土地承包权和集体建设用地使用权流转面临法律和政策上的束缚，制约土地规模化、集约化经营和农地效益提高。在行政管理方面，其体制也明显不适应城乡统筹发展的要求，政府部门职能缺少协调，服务"三农"功能较弱。

　　我国在政府层级设置上，实行五级政府管理体制，省市政府掌握了大量行政资源，市县争利严重，基层政府自主权过小，不利于其履行职能。管理层次过多，也产生了行政成本过高和行政效率低下等问题。同时，事权与财权不匹配、不对称，造成政府间行政协调能力不足，难以形成推进城乡一体化发展的合力。目前，事权在各级政府间还没有划分清楚，因而在实践中出现了财权财力层层上移，事权事项层层下移的财权事权不匹配问题，使地方政府在提供适合本地区需求的公共产品和公共服务方面明显能力不足、捉襟见肘。虽然中央财政不断加大对地方公共产品和公共服务支出的转移支付力度，但与地方实际需求差距很大，而且许多上级转移支付都需要地方政府来配套，在地方政府财力不足的情况下，大多数拿不出足够的资金来配套，一方面导致财政用于支农和提供农村公共产品、公共服务的资金不足，另一方面也不利于优化财政支出结构、提高财政资金使用效率。当前，明确政府间事权关系已经成为完善财政资金管理和运转机制、推进城乡一体化发展的关键。第三是调整完善转移支付制度。现行转移支付制度的问题，一是税收返还和专项转移支付比重较大，一般性转移支付比重较小，一般只占 40%。地方可支配财力十分有限，很难较好地提供满足地方实际需求的公共产品和公共服务。二是专项转移项目过多。上级财政转移支付几乎涵盖下级财政全部支出项目，一些项目直接分配到村。三是专项转移支付管理不规范、不透明。转移支付资金管理的随意性很大，因人而异、因地而异的情况时有发生，许多专项资金没有明确的发放时间。

（三）政府职责不清，市场导向机制未能形成

　　有的地方政府过分看重政府部门的"推力"，过多地沿用计划经济的

方法，甚至动用行政命令来推进城镇化，如不准农民翻建住宅，新住宅必须建在城镇上。城市一体化建设过分依靠政府的推动，必然导致市场和社会的力量参与不够。当然，在当前城乡二元体制牢固存在，城乡经济发展存在巨大差距的情况下，以政府为主导力量，一方面有利于通过政府的各项政策改变，尽量减少因为体制原因而给城乡一体化带来的巨大阻碍。营造宽松的政策环境，可以为社会资源特别是人力资源在城乡的合理流动，加速城乡发展。另一方面，在市场化水平不高的情况下，政府主导城乡一体化进程可以提高社会资源的配置水平。

城乡一体化的发展要靠多元推进，特别是市场的推动，需要政府、企业、社会等多方参与。当前，农村土地规模经营大部分发起者、推动者是村集体负责人。这些人也将改变土地经营、提高村民收入当做他们的分内之事。这样的考虑未尝不好，但由此阻碍了其他农民特别是在农村中享有一定威望、技术和思想有创新能力的农民的参与。培养规模化经营带头人、农民创业者、农民企业家首先应该从农村自身做起，实行村内民主，村务公开，让所有村民共享政策、信息、技术、市场等各项资源，减少村集体管理层和村民之间的隔阂甚至对立，使更多村民参与到农村变革的进程中来，以此发现、培养出可带领农民进行规模经营的、农民自己熟悉和信赖的企业家。

（四）资金来源单一，投融资机制不健全

集镇和城乡新社区基础设施配套大部分依靠政府投入，财政压力大。在城郊区域农村新社区建设过程中，巧用市场的办法，采取土地置换等方式，可以有效解决资金难题。而在相对偏远的农村新社区，由于区位上处于明显劣势，很难借助"以地生财"的方式引进开发商去完善基础设施建设，基础设施配套只能靠政府投入。据初步估算，新社区基础设施的配套标准不低于4万元/户，地方财政压力很大，这也是所有试点县（市、区）新社区建设不能全面铺开、进度不快的根本原因。事实上，仅靠政府现有的财力是远远不够的。因此，必须积极创新运行机制，采用市场化方式。一方面积极搭建融资平台，以国有（集体）资产为载体，建立统一、高效的政府运作机制，采取优惠的政策，营造良好、宽松的投资环境，多种方式借资和吸引外资。另一方面积极引导社会资金对农业和农村产业的投入，形成由各级政府、农村集体企业、工商企业、外资、私营企业和个人投资者构成的多元化投资格局。

城乡一体化发展过程中乡镇或小城镇建设的融资主要靠政府和土地交易，其他融资渠道占有的比例过低，即基础设施配套大部分依靠政府投入，财政压力大。

另外，长期以来，国家金融政策只注重经济快速增长，而在均衡发展、结构优化方面出现了许多漏洞，致使资金配置表现出了城市偏好，金融机构向城市聚集，农村地区的金融机构网点萎缩。

大量资金通过金融渠道流向城市，农村金融机构非但没有充分发挥活跃农村金融市场、满足农村和农业生产发展需要的功能，而且还成为农村资金向城市转移的"抽水机"，相当多的农村信用合作社也失去了合作性质，背离了主要为农民服务的发展方向，使农村和农业发展面临"融资瓶颈"，经济发展乏力，农民收入增加缓慢，城乡差距不断扩大。事实证明，在市场经济条件下，仅凭市场机制无法满足农村金融服务的需要，必须本着"政府引导、市场运作"的原则，大力推进金融制度创新。

（五）土地管理体制不完善，农民权益缺乏保障

农村土地向农业龙头企业、专业合作社和种养大户集中，分散农民向农村新社区、集镇和城市集中是当前农村变化的总体趋势。顺势而为不仅能够加快推进新型城镇化，更能够加快实现农业现代化。但是当前土地流转和农民转移分别面临流转成本较高和失业风险较高的"两高"难题，导致土地流转速度不快、规模不大，农民转移身移心连、不彻底，"两转"工作面临瓶颈。另外，有些地方土地利用指标不多，城镇及工业园区发展用地不同程度受到用地指标的限制，不少引进项目因无地可用而延缓建设步伐。

土地管理体制存在的问题还包括农民使用权缺乏保障、占用耕地现象普遍,补偿不到位、占用耕地补偿价格低、政府和企业随意变更土地用途、土地缺乏流转和城市规模扩张过快等。调查显示,占用耕地现象普遍,补偿不到位的人数占调查人员的31.6%,农民使用权缺乏保障和占用耕地补偿价格低分别占18.1%,三者占到所有人数的65.8%。因此,这三个问题是当前土地管理方面的主要问题。

三 破解城乡一体化体制机制障碍的途径

(一) 进一步统一思想,破除对城乡一体化发展的片面认识

城乡一体化不等于城乡一样化。统筹城乡、促进城乡一体化发展并不意味着消灭农村、把农村改造成城市,也不是消灭农民,把所有农民转移到城市中去,而是要消除城乡之间的差异,打破二元结构,促进城乡转入现代化的社会生产方式和生活方式,使城乡居民共同进入全面建设小康社会的新时期。然而,近年来,各地在实施城乡一体化战略的过程中,存在着种种片面性的认识,必须加以克服。

一是"重城轻乡、重工轻农"的思想认识;二是把城镇化等同于城市建设的认识;三是把城镇化的内容简单地归结为增加城镇户口居民的认识;四是对城镇化动力机制的片面化认识;五是把城乡一体化等同于城镇化的认识。

要加速推进城乡一体化建设,各级政府必须进一步提高认识,把重点放在农业转移人口市民化及中国农业现代化这两个基点上。

(二) 建立以工促农、以城带乡的长效机制

城乡一体化过程中需要建立以工促农、以城带乡的长效机制。

1. 以工促农、以城带乡的农村产业发展机制

当前,农村产业主要情况是,农业经营规模小,技术含量低,初级产品占大多数;农村工业数量少,投入高、消耗大、污染重、效益

差，竞争力不强。城乡一体化的重要任务就是推进农村产业结构升级，发展现代农业和新型农村非农产业，由于农村缺乏推动这些产业发展的现代生产要素，需要工业、城市支援。

2. 以工促农、以城带乡的劳动力转移机制

推进城市化、提高农民收入的一个重要途径就是减少农民数量，让更多农民转变生产、生活方式，成为城市居民。如此，需要充分发挥工业化、城市化吸纳劳动力和优化人口布局作用，加快农业剩余劳动力向非农产业转移，向城镇转移。同时，让部分城市技术人才、管理人才流向农村，促进农村产业改进。

3. 以工促农、以城带乡的资金投入机制

解决"三农"问题，实现城乡一体化，需要大量资金投向农村。目前，农村资金缺乏主要表现在公共财政支出重心不在农村，农村对商业资本缺乏吸引力。建立以工促农、以城带乡的资金投入机制，就是要调整国民收入分配格局和公共事业建设格局，多渠道增加对农村建设的资金投入，逐步形成支持农村、推动农村产业发展、帮助提高农民收入的资金投入长效机制。

4. 以工促农、以城带乡的区域协作机制

当前，我省同全国一样正处在工农关系、城乡关系发生重大转变的时期。由于城乡二元结构体制尚未完全打破，行政管理体制改革相对滞后，市场机制作用还不能充分发挥，"三农"在经济资源和公共资源配置中依然处于不利地位，导致农业现代化缺乏现代生产要素和现代生产方式的有力支撑，农村基础设施、社会事业、社会保障等公共产品供给严重不足，农民难以平等共享工业化、城镇化的成果。应当建立以工促农、以城带乡的区域协作机制，着力打破城乡二元结构，进一步提升工业化、城镇化水平，增强工业对农业的促进作用和城市对农村的带动作用，促进城乡协调发展。

（三）完善各项保障农民权益的法律法规

1. 完善法规，有效保障农民的财产权

目前，许多农民已经没有投资土地、从事农业生产的积极性，而

他们之所以还经营土地主要目的是赚取国家支农补贴、以土地作最低生活保障以及对土地财产的依恋等方面的考虑。但是，农民的财产权益难以获得有效保障。按照《土地管理法》的规定农村和城市郊区的土地除法律规定属于国家所有外，属于集体所有。征用农村土地用于建设开发的必须首先由国家征用，而且国家对被征地农民的补偿标准最高为该土地常年产值的30倍，远低于城市土地征用的补偿水平。而且由于农村土地的所有权归集体，镇乡政府和村级组织往往因利益驱动以土地所有权为集体所有为由来分割土地补偿利益，致使真正由农民获得部分非常少，只占总补偿款的5%—10%，农民的利益无法得到有效保障。因此，必须提高农村土地征占补偿标准，做到补偿标准与所在地区城市土地补偿标准同质同价、优质高价，切实维护农民的切身利益。

2. 完善法规，促进农村土地的正常流转

我国《农村土地承包法》第二十六条规定，"承包期内，发包方不得收回承包地……承包方全家迁入设区的市，转为非农业户口的，应当将承包的耕地和草地交回发包方。承包方不交回的，发包方可以收回承包的耕地和草地"。这说明，如果农地承包方全家已成为城市居民，除了用于农业生产经营的土地需要收回集体所有外，属于农村集体所有、个人使用的宅基地仍然归该户所有。这就造成了许多已经在城市里有车有房有户口的原来的农村居民在农村仍然占用本应属于集体所有的宅基地，影响了农村土地集体所有权的完整性，不利于农村土地的集约使用，造成许多房屋闲置、土地浪费问题。

3. 完善法规，建立城乡统一的税率

税法规定，农产品深加工企业用于抵扣的进项税额的扣除率是13%，而工业企业进项税额的扣除率是17%，这使农产品深加工企业的增值税的实际税负更高，不利于农产品深加工企业的发展壮大和农业产业化生产，从而制约农村经济社会的发展和农民增收，城乡一体化发展也不可避免地受到影响。

（四）协调好政府、地方和民间的关系

1. 正确处理政府与市场的关系

市场经济条件下，政府与市场需要有明显的边界，明晰政府的公共服务责任，才能实现公共利益的最大化。在基层，特别是农村基层，政府与市场却是处于失衡的混沌状态，最直接的表现就是基层政府的"缺位"和"越位"。政府的缺位造成公共利益的损失。目前，我国农村基层公共产品供给、公共服务不到位，很大一部分原因是基层政府职能履行不到位；而政府越位则是"与民争利"。在实际工作中，财政部门出于狠抓收入不放松的考虑，往往将大量资金和公共财产用于经营性、竞争性领域。比如，近十年来，许多地方财政将"以地生财"作为生财之道，通过出卖、出租国有土地、大力扶持房地产开发等手段聚集财政收入，而本应由财政予以保证的基础设施、教育、医疗卫生、社会保障等农村基本公共产品和公共服务投入却显著不足。在地方政府不恰当地干预企业经营行为、特别是干预国有企业经营行为依然较多的情况下，大量财政资金被投入到非公共领域，不仅造成政府与市场在资源配置、收入分配方面的混乱，而且也给规范政府间事权与财权的划分造成障碍，影响财政资金运转效率和财政支持城乡一体化发展的各项政策的落实。究其原因，既有行政体制改革不完善，也有"全能政府"思想的影响和利益因素的作祟。在"全能政府"思想指引下，政府干部往往行政干预支配市场，为取得政绩，忽略市场本身的调节作用和广大人民的利益，其结果往往是透支了政府的信用，增加了政府的债务。

2. 正确处理各级政府之间的关系

各级政府之间关系的平衡就应当强调各级政府间的关系的合作性、平等性和协调性，使各级政府"权"、"责"、"利"相对应。目前我国各级政府间的关系出现了失衡，上级政府通过下级政府的财权和人事权的控制来实现对其控制，因此下级政府的财权与事权严重不对称。基层政府是城乡基层治理的主体，在基层治理的各项工作中拥有话语权和决断权。但大多数情况下，基层政府只能单方面执行上级

委派任务，缺乏向上表达异议的渠道和权力，这种权利的不对等导致了基层政府的弱势地位。

3. 正确处理政府和社会的关系

政府和社会平衡主要是指政府与各种社会组织、民众之间互动良好。比如自治村委会和基层政府关系的失衡就是其中一个，村委会作为基层政府的派出机构，不是其下属机构。然而，事实上，由于基层政府在很大程度上拥有村委的人事任命权，可以对其控制，很多村委会都成为基层政府的下属机构，上级政府往往将各种指标分解后指派给村民自治组织，造成村委会自治权限缩小和任务增大。由于我国基层民间组织发展尚处于发育阶段，除了少量领导人当选为党代表、人大代表或政协委员的民间组织，能在有限的范围内参与决策，其余民间组织参与渠道匮乏。再者，政府对社会强有力的控制排除了政府与民间组织之间分权的可能性，所以民间组织既不直接影响国家政策选择，也不约束政府行为。因此，基层政府对社会实行单向的控制，难以形成良性互动。

四 城乡一体化体制机制创新的政策建议

推进城乡一体化发展是一项重大的系统工程，要推进我省的城乡一体化，必须健全体制机制，加强城乡综合配套改革，整体推进城乡统筹的土地制度、户籍制度、住房制度等配套改革，实现农业经营集约化、农民工市民化、农民居住社区化、社会保障均等化、要素配置市场化、集体产权股份化，形成以工促农、以城带乡、工农互惠、城乡一体的新型工农城乡关系，让广大农民平等参与现代化进程、共同分享现代化成果。

（一）精简机构，整合职能，健全科学的管理体制

各地、各部门要按照城乡一体化发展的理念，调整工作思路和力量配置，打破条块分割，协调各方力量，形成政府主导、市场导向、

部门支持、社会民间参与的科学管理机制。

1. 精简机构，明确职能

政府在推进城乡一体化发展中起着基础性的导向、保障作用。各级党委、政府要积极做好宣传发动工作，进一步增强各级领导干部的统筹意识，提高对统筹城乡发展、推进城乡一体化工作重要性、艰巨性和紧迫性的认识。加大舆论宣传力度，及时总结和宣传统筹城乡发展中的先进典型和成功经验，调动方方面面的积极性，努力形成全社会关心、支持和参与城乡发展一体化工作的良好氛围。

各地需要按照"精简、统一、效能"的原则，进一步调整完善政府机构设置，科学设置管理机制和人员编制，建立起政府机构调整与市场经济发展相适应的动态管理机制。着眼于建设服务型政府，积极推进以"大部门"改革为核心的政府机构改革，推动政府职能向经济调节、市场监管、社会管理和公共服务方向转变，加快建立城乡一体化的行政管理体制，提高政府履行公共服务和社会管理的能力，不断提高公共服务水平。

各部门要按照城乡一体化发展的理念，调整工作思路和力量配置，本着"决策、执行、监督"相对独立、相互协调的原则，明确政府机构职能分工，打破条块分割，切实防止政出多门、推诿扯皮、效率低下等问题，进一步强化服务职能。整合涉农机构，切实解决当前"三农"工作"九龙治水"、"各行其是"、"多头管理"的问题，提高支持"三农"的整体性，共同推进城乡一体化的工作格局。

2. 减少层级，强化基层

进一步理顺市、县（市、区）、乡镇的关系，简化行政层级，适时适度建立省、县、镇（乡）三级行政层级，推动管理重心下移、管理权限下放，形成城市工作与农村工作相互对接、良性互动的管理格局。对经济总量较大，吸纳人口较多的县城和小城镇，赋予与此相适应的经济社会管理权限。

要逐步推进"乡财县管"改革，加强县乡财政对涉农资金的监管。支持具备条件的乡撤乡建镇，具备条件的城郊乡镇改为街道办事处。对经济发达、人口密集、辐射带动力强的重要城镇设为市辖镇副县级建制。乡行政机关可以根据经济、社会发展和转变政府职能的需要，调整为四个内设机构，即党政办公室、建设发展办公室、社会发展办公室、综合治理办公室。农业、卫生、文化、广电、水利等部门派驻乡的事业单位可以根据工作性质、内容和乡所属事业单位进行合并。除已设在乡政府的公安派出所、工商行政管理所、税务所等机构外，其他县级政府工作部门派驻乡的机构原则上都要下放，实行条块结合，以块管理为主的体制，克服多头管理；对与业务联系比较密切、专业性较强又带有执法职能的工商、公安、法庭等，在保持原体制不变情况下，实行双重领导的管理体制。要推广"扩权强镇"改革试点，强化乡镇政府的社会管理和公共服务职能，采取直接下放项目审批、社会管理、综合执法等行政管理权和委托执法、联合执法、派驻机构等办法，对镇赋予部分县级经济社会管理权限。

进一步优化农村基层组织机构设置，建立起"党建引领、村民自治、协同共治、强化监督、提升效能"的村级基层治理新格局。积极探索村（居）委会去行政化，建立行政管理事项社区准入制度，实行"权随责走、费随事转、人随事调"，逐步回归群众性自治组织功能。继续完善村（居）民主选举制度、民主决策制度、民主管理以及民主监督形式，形成"议行分设"为主体的社区自治运行机制。推进社区服务中心资源优化整合，鼓励社区代办事务与公务服务事项网上办理，提高工作效能。

3. 转变政府职能，提高管理效率和水平

行政体制改革的一个重要方面是简政放权，转变政府职能。转变政府职能的起点是做"减法"解决"越位"问题。传统计划体制下，政府全方位干预市场决策，层层审批、事事审批，极大增加了全社会的交易费用。统筹城乡发展机制的建立，就是要大幅度减少政府对资源的直接配置，清理审批要件，要根据《国务院关于第六批取消和调整行政审批项目的决定》（国发［2012］52号）文件精神，对行政审批项目进行调整；对保留审批事项，在申报资料、审批环节、承诺时限上作进一步简化和压缩。要设计并联、协同审批流程，通过建立重点项目并联（协同）审批机制。根据财政部、发改委《关于公布取消和免征部分行政事业性收费的通知》（财综［2012］97号）文件精神，调整行政审批收费项目。同时，加强对审批管理权下放承接情况进行调研督办，提高审批效率。

解决越位问题的同时，政府得以腾出精力转向解决"缺位"问题，职能更多转向提供城乡之间趋于均等的公共服务与社会管理，将全域纳入政府规划、建设与管理视野，开展教育、医疗、公共文化等多个领域的标准化建设，构建城乡公共服务均等化的硬件基础，建立城乡一体的公共财政制度和经费保障机制。

4. 强化监督，促进管理规范化

要克服城乡一体化建设中决策的随意性大，民主化程度不够，透明度不高，责任机制不健全的问题，必须建立健全科学决策机制，必须加强监督和管理，强化责任，严格考评，建立政策实施和工作推进的监督机制和科学评价机制。一是要制定目标任务评价体系，完善行政、舆论、群众、社会、司法多位一体监管机制，强化一体化建设的全程监督和专家、学者、实际工作者及群众对工作目标、绩效的考评。二是要建立重大决策的调查研究制度。对涉及经济社会发展全局的重大事项的决策，都应以充分扎实的调查研究为基础。在深入调查研究、广泛听取意见的基础上，经过领导班子集体讨论。同时，相应明确责任主体，划清责任界限。三是推行重大决策事项公示、听证制度；健全重大事项专家咨询制度。力争做到监督有法，激励有效，约束有力，不断提高工作效率和水平。

（二）拓展途径，构建平台，健全投融资体制

促进城乡一体化发展，既要加大公共财政对农村发展的扶持，也要积极引导社会资本投向农村，还要有效激活城乡资源、盘活城乡资产，努力形成政府推动、多元投资、市场运作的资本运营机制，打造城乡一体化发展的项目融资平台、土地融资平台和招商融资平台，拓

宽城乡一体化发展的投资领域。

1. 借鉴国外经验，创新投融资模式

推进城乡一体化建设，应借鉴国外的成功经验，结合湖北实际情况，建立市场导向、政府主导、公司运作、社会支持、民众参与、融资平台为依托的科学投融资管理体制，构建起"融资机制合理化、融资渠道多元化、融资模式市场化、投融资平台一体化"的创新型投融资管理体制。

各地应成立市、区城乡一体化建设投资公司担当城乡一体化建设项目主体，承接相关项目资金，向国家政策性银行和商业银行融资贷款，组织实施国家政策扶持项目，对优质项目进行引导性投资、鼓励性投资或风险投资。充分发挥政府投入对启动社会投资的杠杆作用。结合我省和各地实际，借鉴国外融资模式和国内投资经验，在经营性或非经营性基础设施建设中可分别完善、改造、推广BOT、BT模式，试行ABS模式，试点PFI等模式。同时，还可以通过发放地方政府、公司、企业等债券，采取资产抵押、贴息、担保、联保贷款等多种形式，拓展融资渠道，加快形成主体多元的投融资机制，提高投融资体制的效率。同时，必须强化融资监管，加强建设项目成本、质量、综合效益及融资主体论证评估，选准选好融资法人，引入竞争机制，预防投融资风险。

2. 政策扶持引领，激活民间资金

资金缺乏是造成我国农业发展相对滞后的根本原因之一。在提高农业综合生产能力的过程中，开发农业资源、加强农田水利建设、农业商品基地建设等各个环节都需要强有力的资金支持。而与其他产业相比，农业产业资金来源渠道狭窄，投入有限，形式单一，难以满足其长期经营发展的需求。因此，要突破农业经济资金制约的瓶颈，就要利用资本市场，在全社会范围内，多渠道、多形式吸收资金流向农业领域。

首先要建立政府投融资公司，构造融资平台，把政府投资资本化，通过重组、出租、转让、盘活、担保等多种形式，优化配置，有效运作，并不断拓展融资渠道，扩大投资比例，强化监管，确保政府投资保值增值。

其次要发挥财政支农资金的导向和杠杆作用，放宽民间资本进入城乡基础设施、公用事业领域的各种限制，引导不同经济成分和各类投资主体参与城乡一体化建设。鼓励企业建立投资股份公司，扩大投资范围，参与基础设施投资，扩大基础设施投资规模。支持社会建立民营、合资公司，参与基础设施公平竞争，吸收更多的社会资金参与基础设施建设。扶持农民合资建立股份公司，参与基础设施扶助设施建设。

第三要积极利用产业、财政、金融等政策措施大力支持农村地区金融市场的发展，规定政策性银行、村镇银行、社区银行以及在农村地区设置网点的商业银行及非银行金融机构服务"三农"的资金投放比例。

第四要鼓励各种金融机构加大对农户小额信贷、农村基础设施建设和农业产业化龙头企业的支持力度。进一步推进农村信用合作社的市场化改革，推动社会资本向农村公用事业、农村基础设施建设和农村生态环境建设等方面投入，逐步建立起以商业性金融为主体、政策性金融作为补充、农业保险为保障的新型的、多元化的农村金融服务体系。

3. 以工带农，吸引企业资金

城乡一体化的重要任务就是发展现代农业和新型农村非农产业，需要工业、城市的支援。农业现代化的关键是农业必须走产业化的道路，而产业化的核心是发展龙头企业。培植和依靠龙头企业，吸引企业资本的投入，加强对农民的培训，带动农村产业结构调整，是实现农业现代化的重要途径。由龙头公司形成的相对成熟的产业化经营管理模式，在提高行业整体的盈利能力、推动农业经济进步方面起到了积极而深远的影响。

4. 创新投资主体，健全多元一体融资体制

要培植投融资主体，拓展投融资途径，广泛吸收企业、社会、民

营、农民、个体资金，平等参与城乡一体化建设。要积极利用产业、财政、金融等政策措施大力支持农村地区金融市场的发展，进一步推进农村信用合作社的市场化改革，推动社会资本向农村公用事业、农村基础设施建设和农村生态环境建设等方面投入。

（1）充分发挥农业银行、农业发展银行和农村信用社的作用，全力支持"立足农村、服务'三农'"的村镇银行、社区银行的发展。

（2）允许有组织的民间借贷在一定的法律框架内开展金融服务，引导和鼓励民营的小额信贷银行、合作银行、私人银行等多种形式的农村民间金融健康发展，使其合法化、公开化和规范化，以增加农村金融体的服务供给，满足"三农"多层次的融资需求。

（3）推广"行业协会+联保基金+银行信贷"、"龙头企业+种植基地+行社在合+财政贴息"等信用新模式，引导农村金融机构加大对"三农"信贷投入。

（4）加快建立多层次政策保险体系，逐步建立农民自主创业的风险化解机制。完善政策性农业保险，扩大政策性农业保险试点工作覆盖面，创新保险品种和投保方式。

（5）探索担保抵押方式，稳步开展农村住房抵押贷款试点工作，逐步建立农村集体建设用地使用权、农田承包经营权及林权抵押、农作物抵押等贷款担保方式，多渠道缓解农村贷款担保难的问题。

（6）鼓励社会资本投向农村建设，允许企业和社会组织在农村兴办各类事业。

（7）可以考虑申请发行城乡一体化地方债券，用于交通、通讯、住宅、教育、医院和污水处理系统等地方性公共设施建设；引导企业资金进入城乡一体化进程，鼓励企业为城乡一体项目发行企业债、公司债，引导各种性质的企业进入，鼓励、引导企业资金参与城乡一体化建设，筛选合适的项目以 BT 方式委托给有实力的企业，启动农民新区、新城区基础设施建设。

5. 拓展途径，建立投资农村保险机制

综合考虑经济发展水平、农业生产特点和市场需求等因素，因地制宜地建立起政府扶持、政策性保险与商业性保险相协调、保险与再保险相结合的多元化的农业保险经营体系，减轻农业生产风险损失。增设政策性的农业保险机构以及农业风险基金会。鼓励组建形式多样的中小企业贷款担保公司，支持有条件的农民专业合作社开展信用合作。针对农户和中小企业的实际情况，实施多种担保办法，探索实行动产抵押、仓库质押、权益质押等担保形式。应允许多种所有制形式的担保机构并存。鼓励现有商业银行性担保机构开展农村担保业务，切实解决农户和农村中小企业贷款抵押、担保难的问题。建立和完善信用担保机制。为降低农业生产经营的风险，应大力发展农业保险公司，形成以保险公司作为主体、农民互助互保为补充、政府一定比例的补助的农业保险机制。积极探索土地使用权抵押贷款、农村宅基地抵押贷款等与农村生产经营特点相适应的贷款抵押制度，拓展农村经济发展的融资渠道。

（三）加强衔接，健全信息网络，完善综合服务体系

各地按照城乡一体的要求，建立健全"城乡一体化、社区（村）网格化、管理信息化、服务多元化"的社会管理体系，整合城乡管理资源，创新农村网格化服务机制，探索统筹城乡网格化管理新模式，实现城乡网格化管理全覆盖。

1. 加强网络对接，健全综合服务平台

整合部门基础信息，构建市、区、镇（街）、社区（村）四级综合性信息平台，做实电子政务、综治维稳、文体活动、就业培训、卫生服务、计生服务、农家超市、党员电教等职能。把电子政务通道接入社区公共服务站，依托社区电子政务系统办理便民服务事项，鼓励社区代办事务与公务服务事项网上办理。

2. 健全服务政策标准，完善服务内容

不断加大财政对村（居）公共服务的投入，强化标准体系建设

和标准控制，制定出台示范镇综合规划建设标准、规划布点村庄基本公共服务配置标准、特色镇规划建设设计导则、乡村规划编制办法等，引导城乡科学有序发展。

按照统一服务标识、统一项目设置、统一运行流程、统一服务规范的要求，加快推行政策标准和服务标准的建设。要充分运用现代网络信息技术，提升办公自动化和管理信息化水平，建立"全天候、全日制、全方位"的政府服务体系。

积极探索公共产品多元化供给机制，丰富和完善村（居）公共服务供给体系。推进社区服务中心资源优化整合，鼓励社区代办事务与公务服务事项网上办理，提高工作效能。

每个乡镇都要建立行政便民服务中心和服务代办点，便民服务项目包括7类：一是经贸服务。包括工商注册登记、核发卫生许可、安全生产、内外资项目行政许可、组织机构代码及公共信息卡、劳动力转移及企业招工。二是计划生育。生育审批、流动人口管理、育龄妇女服务。三是社会事业。民政优抚、城乡最低生活保障、核发残疾人证、办理农村五保户手册、办理老年人优待、办理合作医疗、发放补助金。四是村镇建设。农村宅基地审批、建设用地审批、村镇建设、城管监督、矿产资源管理。五是产业服务。农业科技的推广、林业行政许可、水利水产、畜牧兽医、农业机械管理。六是税务登记、契税。七是法律咨询。要充分运用现代网络信息技术，提升办公自动化和管理信息化水平，建立"全天候、全日制、全方位"的政府服务体系。

3. 加强党建引领，强化村（居）委会自治能力

进一步优化农村基层组织机构设置，建立起"党建引领、村民自治、协同共治、强化监督、提升效能"的村级基层治理新格局。在村（居）委会、社区服务中心、集体经济组织、村（居）民小组、辖区内企业、行业协会等社会组织中设立党支部，把党组织延伸至所有基层组织，党员管理延伸到户籍党员和非户籍党员，实现基层党组织和党员管理服务全覆盖。充分发挥党组织在本村（居）各种组织

和各项工作的领导核心作用，领导和支持村（居）自治组织、经济组织、社会组织依法行使职权。

积极探索村（居）委会去行政化，建立行政管理事项社区准入制度，实行"权随责走、费随事转、人随事调"，逐步回归群众性自治组织功能。继续完善村（居）民主选举制度、民主决策制度、民主管理以及民主监督形式，形成"议行分设"为主体的社区自治运行机制。

积极发展城乡基层各类社会组织，完善政府购买公益服务政策，扶持一批行业协会、公益慈善、居家养老、便民服务、医疗卫生等社会组织，推动公共服务社会化、专业化和市场化运作。

4. 优化服务队伍，提升服务管理水平

随着推进城乡一体化的深入开展，加强人才和服务队伍建设已成为促进城乡同发展、共繁荣的迫切需要。一方面要完善人才市场体系，调整和改革不合理的政策和体制，积极引导各类人才投身于城乡一体化的各项工作。重视开展各级领导干部教育培训，开阔视野，拓展思路，提高推进城镇化工作的能力和水平。另一方面要建立一支道德素质、职业素养和业务能力优良的、能满足城乡公共服务需求的人才队伍。要重视现有管理服务人员的素质和能力的培养与提高，提供进修学习机会。同时，要针对性地与大专院校合作进行人才培养，构筑"校政联合"培养平台，培养新型人才。

（四）创新体制，完善制度，建立城乡一体化发展的保障机制

1. 推进户籍制度的改革，建立自愿、有序、公平的农民工和失地农民市民化机制

《中共中央关于全面深化改革若干重大问题的决定》提出："推进农业转移人口市民化，逐步把符合条件的农业转移人口转为城镇居民"。户籍制度改革作为一项整体工程，是与教育、医疗、社会保障和住房等相关领域的配套改革以及财政支出体制紧密相连的。我省城市之间、城乡之间发展程度存在较大的差异，公共服务的供给水平不

同，一步到位放开户籍制度，城市的承载力难以承担。因此，政府应遵循科学规律，充分考虑城市公共服务资源的供给能力和财政的支付能力，立足实际和阶段特点，准确定位，制定户籍制度改革的时间表和步骤，并细化具体措施，逐步、分类推进户籍制度的改革。

截至2009年年底，湖北省共有城镇817个，其中省辖市12个，县级市24个（含3个直管市）。按行政等级划分，全省省辖市12个（武汉、黄石、十堰、宜昌、襄阳、鄂州、荆门、孝感、荆州、黄冈、咸宁、随州），自治州1个（恩施），县级市24个（含省直管市仙桃、潜江、天门），县40个（含神农架林区，下同），其他建制镇740个，城镇人口2762万。

目前要加快落实稳定居住为依据的城镇户籍准入制度，加快落实放宽小城镇特别是中心镇落户条件的政策。各地要根据实际制定具有稳定就业和稳定住所（包括租房）为基本条件的农村转移劳动力户口迁入标准，促进符合条件的农业转移人口在城镇落户并享有与当地城镇居民同等的权益。县城是户籍改革的重点。县级城市是未来湖北省城镇化发展的突破口，要全面放开落户限制。如果把全省60多个县城（县级市）城区平均人口规模发展到20~30万人，可贡献城镇化率15%左右。

除武汉外的11个省辖市是户籍改革突破的关键点。政府要立足实际和阶段特点，有序放开落户限制，制定改革的时间表和步骤，推进和完善包括按"积分制"在内逐步接纳农村转移劳动力入户的多种制度化措施。尤其要加强有关部门协同，形成合力，共同推进工作落实。

对于特大城市武汉，在现阶段开放户口存在较大困难。2012年末，武汉常住人口1012万人，户籍人口821.71万人。其中，农业人口265万人；非农业人口555万人。武汉需要进一步剥离附加在户籍之上的种种利益，首先要缩小本地农业人口（265万）与市民的权利、利益差距，均等化本地户籍人口的公共服务、社会保障等方面的待遇；其次渐进地推广到在本地生产、生活的外来人口（近百万流动人口）身上，可以先允许熟练技工及稳定的自我就业劳动者入籍，接着让低技术民工（包含"普工"等）入籍，彻底推进普惠型的社会福利实现，为全面户籍制度改革奠定基础。

城镇化的核心问题是农民工市民化的问题。农民工市民化的问题就涉及到户籍改革，涉及到土地制度，涉及到农村产权，包括涉及到发展规划的问题。要切实推进户籍制度的改革，还必须加强就业、住房、生育等各项政策与户籍制度之间的配套衔接，保障农村转移劳动力在城市稳定的生产和生活。政府应建立统筹城乡就业的管理体制，加强信息服务、技能培训和权益保护为主要内容的劳动力转移就业服务体系建设，推进统一的劳动力市场建设。

政府要建立财政转移支付同农业转移人口市民化挂钩机制，督促各类城市按照各自特点增强吸纳能力。要稳步推进城镇基本公共服务常住人口全覆盖，把进城落户农民完全纳入城镇住房和社会保障体系，在农村参加的养老保险和医疗保险规范接入城镇社保体系。

2. 大力推进农村土地制度改革，建立公平公正自愿的产权交易机制

推进城乡一体化发展，必须加快构建新型农业经营体系，赋予农民更多财产权利，建立起"归属清晰、权责明确、保护严格、流转顺畅"的农村产权制度。

（1）依法全面开展确权登记颁证工作

严格按照中央和省有关文件要求和土地法、物权法等有关法律法规规定，以"还权赋能"为核心，有序开展确权登记颁证工作。在全省范围内立即启动土地和房屋的确权登记工作，做到承包地块、面积、合同、证书"四到户"。国土部门要结合全国第二次土地调查结果进一步明确土地权属，切实做好农村集体土地所有权、集体建设用地使用权和宅基地使用权的确权登记颁（换）证工作。农业部门要在完善农村土地承包经营权确权颁证基础上，扩大农村集体经济组织产权制度改革试点，核发农村集体资产产权证。林业部门要进一步完善林权的确权颁证工作。水产部门要加快推进水域滩涂养殖权的确权登记颁证工作。房产部门负责对合法取得的农村房屋登记造册，核发房屋所有权证。水务部门要按照"谁投资谁所有、谁受益谁负担"的原则，做好农村小型水利工程所有权和使用权的确权登记颁证工作。

（2）搭建农村综合产权交易平台

要搭建"三个平台"（村级土地托管中心、镇级土地流转服务中心和农民权益保障中心、市级土地流转服务中心和市级农村土地纠纷仲裁委员会）、推行"三个置换"（以宅基地置换住房、以土地承包经营权置换社保、或集体资产所有权置换股份），实施"三个激励"（对农业龙头企业、规模经营大户、农民专业合作社进行激励），进一步解放农村生产力，帮助农民"洗脚进城"。积极发展流转服务组织，为流转双方提供信息沟通、法规咨询、价格评估、合同签订、纠纷调处等服务，按照完善管理、加强服务的要求，规范土地承包经营权流转。加快农村集体资产管理的制度创新。扎实、稳妥地推进农村村级集体资产（包括土地）的社区股份合作制改造，实行折股量化，股随人转，进一步拓展农民离土离乡发展的空间，促进农村人口向城镇的集聚。

（3）健全农村土地承包经营权流转制度

第一，综合运用税收优惠、财政补贴、贷款贴息、农业保险、以奖代补等政策工具，加快构建新型农业经营体系。赋予农民对承包地占有、使用、收益、流转及承包经营权抵押、担保权能。积极扶持农村土地合作社的发展，促进农民土地承包权变股权，增加农民土地财产收益，对进行土地股份化经营且能够给农民带来与经营业绩相符的股利分红、就业机会的经营单位给予适当的财政补贴、以奖代补和税收优惠。

第二，健全农村土地承包经营权流转制度，采取有偿转让、互换、转包、租赁、反租倒包、入股、土地信托、置换、抵押以及组建股份制农业企业等多种方式，促进农村土地流转。鼓励承包经营权在公开市场上向专业种植大户、家庭农场、农民合作社、农业企业流转，发展多种形式规模经营。稳步推进土地向龙头企业、专业合作组织和种植大户适度集中，推动农业规模化生产、集约化经营、产业化发展和农村劳动力转移。

第三，完善农村土地经营模式，在农民认可、自愿参与的前提下建立适合土地规模经营的组织形式，建立公司＋农户、公司＋基地＋农户、公司＋中介组织＋农户、股份制等新的农村土地经营模式，让农民在规模经营中获得实实在在的收益。鼓励和引导工商资本到农村发展适合企业化经营的现代种养业，向农业输入现代生产要素和经营模式。允许财政项目资金直接投向符合条件的合作社，允许财政补助形成的资产转交合作社持有和管护，允许合作社开展信用合作。引导社会资本投入农业生产，促进农业产业化、规模化经营。

第四，优化用地结构，依托城乡建设用地增减挂钩政策，将农村边远地区一部分富余的建设用地指标调剂到城镇中心区使用，获得的土地增值收益扣除上缴和各项资金后用于反哺边远地区。同时，要从严合理供给城市建设用地，提高城市土地利用率。

第五，培养农村规模化经营带头人、农民企业家，让土地规模经营扎根农村。推动农村土地规模经营除了资金、技术、组织形式，还有一个重要的要素就是规模化经营带头人或农民企业家。要提高农民素质，培养造就新型农民队伍，把培养青年农民纳入国家实用人才培养计划，确保农业后继有人。政府要出台相关政策吸引年轻人务农、培育职业农民，构建职业农民队伍，为农业现代化建设和农业持续健康发展提供坚实人力基础和保障。要扶持农村转移劳动力返乡创业，提供就业贷款补贴，打造创业平台，促进乡村的现代化。

(4) 完善征地补偿机制，解决好被征用地农民就业、住房和社会保障问题

严格界定公益性和经营性建设用地，逐步缩小征地范围。经批准占用农村集体土地建设非公益性项目，允许农民依法通过入股等多种方式参与开发经营并保障农民合法权益。积极开展城镇建设用地增加与农村建设用地增减挂钩工作，大力推进"迁村腾田"扩面，推行

统一规划、集中建设、整体搬迁，节余土地含权（原居民拥有的宅基地使用权）进入土地市场。实施城乡建设用地增减、城镇建设用地增加规模与吸纳农村人口规模、新增城市建设用地指标与当地土地开发和整理数量"三挂钩"制度。

完善征地补偿机制，完善对被征地农民合理、规范、多元保障机制。将被征地农民纳入城镇职工基本养老保险或城乡居民社会养老保险体系，将被征用地农民的住房纳入政府住房保障体系中。

（5）开展"五权两指标"抵押融资

遵循自愿、互利、公平和诚实信用原则，在不损害农民利益的前提下，允许借款人以其所有的农村土地承包经营权、水域滩涂养殖权、农村房屋所有权、林权、集体建设用地使用权、建设用地挂钩指标和耕地占补平衡指标申请抵（质）押担保融资。规范农村产权抵（质）押登记行为，形成系统的制度体系。规范农业发展投资公司、农村综合产权流转交易中心运行，有效发挥投融资和产权交易平台功能。保障农户宅基地用益物权，改革完善农村宅基地制度，慎重稳妥推进农民住房财产权抵押、担保、转让，探索农民增加财产性收入渠道。

3. 推进财政体制改革，建立科学合理有力的财政投入机制

财政体制是明确政府间特别是上下级政府间财政收支管理权限、明确各级政府在公共产品生产或提供公共服务过程当中职责的制度规范。在推进城乡一体化发展的过程中，财政体制调整的关键是要处理好各级政府之间的事权财权相匹配的问题。

（1）改革现行的财政管理层级，明确各级财政的事权财权

改革现行的财政管理层级，必须坚持"因地制宜、公平与效率相统一"的原则，可以采取"省直管县"、"乡财县管乡用"的模式，也可以采取取消镇、乡（街道）一级财政，将其变成县区级财政的派出机构，以提高基层公共产品和公共服务保障效率与水平，同时促进社会生产力的合理布局，促进经济社会健康发展。

根据事权财权相对称的原则，财政支出责任要与公共产品和公共

服务的层次性、受益范围相适应、要与相应层级政府的财政能力相适应。因此，要健全各级政府财力与事权相匹配的体制，按照"财随事转"、"事权与财权相匹配"和"大权集中，小权分散"的原则，对各级政府现有事权进行相应详细、合理、科学的划分和调整，并用法律的形式对各级政府的事权作出明确规定，确保各级财政都能够各司其职，保证城乡一体化发展过程中各级财政都能够有效地提供公共产品和公共服务，满足人民群众的生产生活需要。在政府间财力配置上，应改变目前各级政府"当家税种"不明确、不统一和缺少层次性的现状，清楚划分各级政府的主体税种并形成一定的层次性。同时，应提高市县政府对共享税的分享比例，使财力向下倾斜，调动基层政府城乡一体化建设和新型城镇化建设的积极性。

（2）提高投资效益，改革完善转移支付制度

坚持公开、公正、公平的原则进一步改革完善转移支付制度，一方面要逐步取消税收返还和体制补助等转移支付项目，加大对基层财政特别是财源基础薄弱、公共产品和公共服务提供能力不足地区基层财政的一般性转移支付规模，提高基层财政的财政保障能力，促进基本公共服务均等化。另一方面要制度化、规范化转移支付管理。引导地方政府改变财政支出结构和履行公共产品提供的职责。省以下财政转移支付制度的关键和核心问题在于，运用科学合理的收支测算方法，衡量地方政府辖区内财政收入能力、支出需求方面的差异，并结合转移支付主体的财力水平，确定转移支付资金的结构和规模，从而达到财权事权相匹配和财力均等化的目标。要进一步扩大一般性转移支付的比重，逐步减少上下级政府间专项转移支付的比例，加快清理、规范专项转移支付项目，结合各级财政事权与财权的划分调整，对专项项目进行合并、规范，切实解决专项转移支付过多、管理分散、效益不佳的问题，以利于集中财力办大事。

要着力整合农业、水利、林业、农业综合开发、扶贫开发、以工代赈、农业产业化、农村交通、民委、民政、农村能源、国土整治以及农村教育卫生文化等各类涉农项目资金，按照"渠道不乱、用途

不变、优势互补、各记其功"的要求，打捆使用，提高投资效益。加强对政策性资金的监管，确保资金使用安全，提高财政资金使用效益。

（3）加快城乡税制统一，建立财政支农稳定增长机制

坚决贯彻"多予少取"的方针，切实按照中央提出的"三个高于"和"三个主要"的要求，进一步调整财政分配政策，不断加大对农村发展财政投入的力度，进一步改善对农村公共产品和公共服务的供给，实现公共财政的城乡全覆盖。改革农业补贴制度，完善粮食主产区利益补偿机制。同时强化落实新增的教育、卫生、文化等事业经费主要向农村倾斜的政策，形成财政对农村教育事业、卫生专项转移支付制度和农村生态补偿机制，增加对农村各项社会事业和生态建设的财政投入。设立城镇化建设激励资金，对县、乡基础设施建设项目实行以奖代补。

在城乡税制改革方面，总体思路是：统一设计，强农惠农。统一设计，就是将所有的税收制度都要按照城乡一体的原则进行设计，以体现税法面前人人平等，增强城乡居民的身份认同感；强农惠农，就是在税收制度设计时，对涉农税收项目进行明确的优惠规定，以增加财政支农的规范性、透明度，也防止人们利用税收制度上的城乡不一致逃避纳税义务，还可以为减轻农民负担、筹集更多资金用于支持城乡一体化发展提供法制保障。

4. 通过委托执法、依法执法，建立保障有力的城乡一体化执法机制

在推进城乡一体化发展的过程中，对有关经济社会管理方面的行政执法权，可以通过委托行政执法工作、扩大派驻机构职权、增设派驻机构等一系列措施，依法扩展中心镇政府、派驻机构等执法系统末端组织的职权，增强一线执法力量，实现执法监管重心下移，改善执法监管效果。派驻机构主要负责人可由各县（市、区）主管部门班子成员兼任。派驻机构的管理（包括人事任免），实行条块结合，以块为主。在镇设置行政服务中心，承接和行使下放的事权，承担相关

审批服务、证照办理事项；设置城镇建设管理综合执法机构，受委托统一行使镇辖区内城镇建设、市容市貌、园林绿化、市政工程、公用事业等方面的监督执法和管理权；成立招投标中心，负责试点镇建设工程招投标、经营性国有土地出让、国有资产产权交易、农村集体资产经营权转让等。

（撰稿人：江立华）

后　　记

本书稿是"城乡一体化湖北协同创新中心"2013年的重要研究成果。该中心成立后，围绕党的十八大提出的"四化同步"发展的重大战略，紧密联系湖北省经济与社会发展的热点问题，把"城乡发展一体化"作为重要课题，组织调研和联合攻关，并确定"六个一体化"研究平台，即：一是如何推进城乡发展规划统筹与科学布局一体化；二是如何推进城乡发展产业结构调整与优化一体化；三是如何推进城乡发展基础设施建设与投资体制创新一体化；四是如何推进城乡发展基本公共服务健全与均等一体化；五是如何推进城乡发展体制机制改革与创新一体化；六是如何推进城镇建设多层化与管理科学一体化。

为了推进研究，中心先后组织13个调研小组，深入到湖北省鄂州市、荆门市、黄石市、黄冈市、宜都市、大冶市及河南省三门峡等地，进行了城乡一体化建设调研，获取了大量访谈资料、文件和统计数据，为研究报告的撰写积累了丰富的资料。同时，课题组还设计了城乡发展"六个一体化"的干部调研问卷与城乡居民调研问卷，深入到全省好、中、差10个县、市、区的100个村（社区）进行全面深入调查，共计发放问卷1万份，收集到大量科学数据。在此基础上，调研组成员围绕"六个一体化"发展态势、取得的成效与经验及存在的问题进行认真讨论、分析，并探讨相关对策建议，撰写综合报告和专题调研报告。本书稿是在专题报告的基础上修改、完善而成的。

在写作中，原湖北省副省长、人大副主任，华中师范大学博士生导师蒋大国教授提出了研究框架和基本思路，课题研究采取分工负责与集体讨论相结合的方式进行，书稿可以说是课题组成员团结、协作的结晶，每一章的内容都凝聚着集体的智慧。

该书的出版，首先应归功于湖北省委和省政府在推进城乡发展一体化方面的高瞻远瞩、率先探索，积累了大量宝贵经验，并积极关心和支持"城乡一体化湖北协同创新中心"的创建与发展，于2013年批准成立该中心，为课题的研究搭建起了重要平台。其次应感谢省发改委、省农委、省教育厅、省财政厅、省人社厅、省民政厅及鄂州市、荆门市、黄石市、黄冈市等有关部门与市领导的大力支持和协助，竭力推动创新中心的成立、建设与发展，并在课题研究中，负责安排调查地点、协调调研工作、提供有关资料和数据，为课题的顺利开展提供了重要保障。华中师范大学及科研、人事、财务等有关部门也为研究的开展提供了大力支持，在此一并致谢。另外，还要感谢华中师范大学社会学院、经济与工商管理学院参与本课题调查的硕士研究生和本科生，他们不辞辛苦，冒着酷暑，深入各地进行问卷调查，并认真录入问卷，为研究提供了第一手资料。由于作者水平有限，书中错误之处在所难免，敬请广大读者批评指正。

江立华
2014年3月于桂子山